大共享时代

THE AGE OF GREAT SHARING

时代

戈 峻 郭宇宽 著

清华大学出版社

北 京

图书在版编目(CIP)数据

大共享时代 / 戈峻，郭宇宽 著 . 一北京：清华大学出版社，2020.4（2022.12重印）
ISBN 978-7-302-55167-6

Ⅰ . ①大… Ⅱ . ①戈… ②郭… Ⅲ . ①商业模式—研究 Ⅳ . ① F71

中国版本图书馆 CIP 数据核字 (2020) 第 047261 号

责任编辑：陈　莉　高　屾
封面设计：周晓亮
版式设计：方加青
责任校对：牛艳敏
责任印制：宋　林

出版发行：清华大学出版社
　　　　　网　　　址：http://www.tup.com.cn，http://www.wqbook.com
　　　　　地　　　址：北京清华大学学研大厦 A 座　　　邮　　编：100084
　　　　　社 总 机：010-62770175　　　　　　　　　邮　　购：010-62786544
　　　　　投稿与读者服务：010-62776969，c-service@tup.tsinghua.edu.cn
　　　　　质 量 反 馈：010-62772015，zhiliang@tup.tsinghua.edu.cn
印 刷 者：三河市铭诚印务有限公司
装 订 者：三河市启晨纸制品加工有限公司
经　　销：全国新华书店
开　　本：148mm×210mm　　　印　　张：6.875　字　　数：146 千字
版　　次：2020 年 5 月第 1 版　　　印　　次：2022 年 12 月第 4 次印刷
定　　价：48.00 元

产品编号：087189-01

序言

大共享时代回应人类挑战

大共享时代的天幕正渐渐亮起。共享经济的原则和架构已经在日常生活中处处可见，并正在改变我们获取服务的方式。然而，尽管共享经济在我们眼前屡屡浮现，公共话语体系和学术领域却对此鲜有关注。戈峻和郭宇宽两位博士的新书正是通过提出雄伟的愿景和前瞻性的解读，弥合了共享经济理论与实践的缝隙。他们富有意趣地勾勒出了大共享时代的特征，并且强调，应对这个问题建立广泛的共识。

社会与经济领域的共享行为不同程度地贯穿于整个人类历史，合作往往使文明得以发展、创新，并应对此起彼伏的挑战。正是不同文化、地域和民族间的对话，推动了进步，并塑造了为我们今日所知的全球秩序。当合作与协作将权力和强权晾在一旁时，创举就发生了。想想那些富有雄心的政治与经济议程——欧盟(EU)、东盟(ASEAN)、南方共同市场(MERCOSUR)——已然克服了横跨几个世纪的竞争和冲突，将合作制度化了。这些方案推动了进步、促进了繁荣，亦有潜力应对不断涌现的问题。

但同时，在特朗普执政、英国脱欧、民粹主义抬头的时代，人们很难相信并去支持国际合作与对话。社会秩序全球化的进程也势必产生不可预测的外部性：多边主义受到质疑，而单边主义受到追捧；剑拔弩张的氛围愈来愈盛；误解导致的风险正在成倍增加，这些严重影响全球均衡。似乎实力是眼下唯一能够解决争端的工具，是唯一能够达成目的、行使权力的途径。然而，我们面临的复杂挑战并不能通过简化了的单边手段得以解决。国家与地区间多层次而盘根错节的互联已将这个世界变成了一个"地球村"，这里某个角落发生的事情，会隔空产生难以预测的效应。愈发复杂的挑战正在不断显现，这其中，移民问题和气候变化将我们的目光指向了理性的、周全的、协同的应对方式。换句话说，复杂的问题需要复杂的解决方案，而这一复杂性只能通过全球体系中各利益相关方的合作和协作来应对。

本书通过阐述"共享"这一概念在政治、经济、社会领域的运用，为上述争论提供了一个有趣的角度。共享意味着使经济转型为点对点的交换与合作，看重使用而非占有。这一论断不仅包含了对新兴经济形式有趣而有力的洞察，更加强调了国际贸易作为经济增长与发展推动力的重要地位。共享需要信任，唯有建立一个基于对话和协作的全球性交互系统，国际社会才能推进共享的变革，解决层出不穷的挑战。不同的话语体系和世界观固然不可避免，我们仍需为克服差异并建立一个有效的合作体系作出重大努力。对于应对21世纪的挑战，支持并延续利益相关方之间富有成效的对话至关重要。事实上，共享经济模式很有可能为解决某些主要问题提供工具。共享经济有助于减少不平等、增强信任、敬慕自然、推动增长，不仅在于其带来了经济交流和消费行为的变革，更在于其坚持寻求国际层面的合作。

序　言

共享经济可能会促使气候变化应对方式的转型，因为其主张效率最大化、减少浪费、改变用户非环境友好的消费行为。同时，共享模式的尝试将当今国际关系中对峙的立场转变为聚焦于互惠和高效的对话，这一论断指出了共享经济模式可以如何处理当前全球秩序的某些失调。

这本书里其他的一些内容可能会引起争论，但仍不失为有趣的见地和发人深省的观点。大共享时代需要一个合作的、透明的知识产权监管架构。知识产权的过度保护可能会扭曲竞争，助长市场失调，因此需要开放这个系统，让公众得益于知识财富的共享。这里的争议在于，这一观点深度质疑了欧洲社会对知识产权的认知和对所有权的理解。然而，鉴于不少以创新为导向的东方经济体正在经历转型，也正逐步向国际知识产权标准靠拢，就更应鼓励东西方之间的多边协作，从而开发共同的监管架构，而非展开直接冲突，我们对这样的讨论应持开放的态度。

此外，这本书把区块链技术视为支撑共享经济变革的关键工具，也很有洞察力，因为其能够改变利益相关方之间的互动关系。区块链可促成点对点的交互，而无须任何政府或企业等第三方的介入。区块链透明、独立且不受限，这些特质使其在效率和可用性方面尤为突出，但也增加了恶意利用的风险。因此，在利益相关方之间制定一个恰当的多边规范性框架，用于防范此类技术潜在的破坏性，就十分必要。毕竟，合作才是共享原则运用得当的关键载体。

祝贺本书的出版，共享经济模式代表着一种以雄心应对当前全球趋势的有益尝试，并极有可能推动全球范围内更加公平和高效的资源配置，也推动经济发展。此书的作者对大共享时代的来临充满乐观情绪，不仅从经济角度看有意义，对企业家们也会有所启发。作为一个政治学家，我认为本书讲共享经济的同时，为我们思考政治问题提供了有价值的角度，它反复提醒着对话与合作在社会、经济与政治领域的重要性。

恩里克·莱塔(Enrico Letta)

意大利前总理

法国巴黎政治大学巴黎国际事务学院院长

2019年11月20日于巴黎

自　序

很多人喜欢在一些热门的词语前随意加个"大"字，如"大时代""大视野""大格局"，但是这个"大"只有修辞学的意义，没有理论意义。

正如"大共享"这个词在本书出版之前就有人提出过，但他们所提及的"大"共享并非我们眼中的"大共享"。本书之所以提出"大共享"和"大共享时代"的概念，基于两个理由，第一要基于突破性的理论创新；第二要有突破性的实践支撑。两者缺一不可，缺乏前者是空中楼阁，缺乏后者则是纸上谈兵，从这个意义来说，本书所指的"大"不是"big"而是"great"。

这正如哥伦布航海，论规模其比不上郑和的宝船船队，却成为开启"大航海时代"的标志性事件。原因是哥伦布的船队符合这两条标准：第一，他的信念基于当时的突破性理论——地圆说，所以他不是朝着东方寻找东方，而是向西航行寻找东方，他就是要证明地球是圆的；第二，他带领着几艘帆船经过冒险幸运地发现了新大陆。

传统的共享经济理论基于物品和服务的合作消费(Collaborative Consumption)观念，由美国得克萨斯州立大学社会学教授马科斯·费尔逊和伊利诺伊大学社会学教授琼·斯潘思于1978年发表的论文(*Community Structureand Collaborative*

Consumption: A Routine Activity Approach)中提出：在一个由第三方创建的、以信息技术为基础的市场平台上，可以进行物品和服务的定价和合作消费。在此理论基础上产生的一些企业，以平台进行类似单车、公寓房、司机服务的共享消费。

不过，这种传统共享经济理论和传统共享经济业态，比如共享一些自行车、闲置的房屋，还不足以被称作"大共享"。 因为Uber和传统出租车公司相比，前者用网约平台的方式提高了出租车配置效率，相当于哥伦布之前的很多航海家因有了新发明的指南针而可以更有效率地进行航行，这是开启大航海时代的必要条件，但不是充分条件，所以，我们不能将其称为"大航海"。

1993年，澳大利亚经济学家杨小凯[①]先生和黄有光[②]先生合作出版了《专业化和经济组织》。在这本书中，他们提出了一个突破性理论：间接定价理论。间接定价理论如同地圆说成为大航海的理论基础一样，同样成为我们提出大共享和大共享时代的理论基础。

1937年，科斯[③]在《企业的本质》一书中提出，企业和市场的

---

① 杨小凯(1948—2004)，原名杨曦光，澳大利亚经济学家，原籍湖南省湘潭县，出生于吉林省敦化县。他最突出的贡献是提出新兴古典经济学与超边际分析方法和理论。他已出版的中英文专著包括：《专业化与经济组织》《经济学：新兴古典与新古典框架》《发展经济学：超边际与边际分析》，获得了世界级的成就和同行的推崇。 杨小凯曾经被两次提名诺贝尔经济学奖(2002年和2003年)，2004年在澳大利亚去世，享年56岁。

② 黄有光，澳大利亚社会科学院院士。兴趣与贡献包括中国经济问题，福利经济学与公共政策，提创综合微观、宏观与全面均衡的综观分析，与杨小凯合作发展以现代数理方法分析古典的分工、专业化与经济组织的新兴古典经济学。

③ 罗纳德·哈里·科斯 (Ronald H. Coase，1910—2013)，新制度经济学的鼻祖，美国芝加哥大学教授、芝加哥经济学派代表人物之一，1991 年诺贝尔经济学奖的获得者。科斯是法律经济学的创始人之一，曾提出"科斯定理 (Coase Theorem)"。

边界在于交易成本，在外界交易成本高的时候企业出现取代市场运作的资源。

1983年，张五常[①]在论文《企业的合约性质》中指出，企业并不是为取代市场而设立的，而仅仅是用要素市场取代产品市场，使用企业内部剩余权力的间接定价方式替代市场上的直接定价方式。这样，企业与市场的区别和替代就变成了产品市场与要素市场的区别和替代。

杨小凯和黄有光在科斯和张五常的思想基础上，借助消费者—生产者、专业化经济和交易成本这三方面因素，建立起一个关于企业一般化均衡的契约模型，模型的突出之处是把企业所有权的内部结构与定价成本相联系，同时把企业的均衡组织形式与交易效率相联系。管理者对剩余的索取权体现了管理服务的间接价格。杨黄二人论证了通过间接价格定价，企业成了一种巧妙的交易方式，它把一些交易成本极高的活动，如管理知识的生产卷入分工，却避免对这些活动的直接交易和直接定价；并认为，只要有开放的竞争环境，这种带有剩余索取权的间接交易模式非但不是剥削，而是经济增长的推进器。

基于杨—黄理论，可以概括出一个要素交易模型。

假定有具备两类知识的劳动者：一类具备生产衣服的知识，另一类具备衣服生产过程中的管理知识。如果这两类知识的交易效率低，人们就会自给自足地生产它们，即一个人既生产管理知识，又

---

① 张五常，中国香港人，国际知名经济学家，新制度经济学代表人物之一，毕业于美国加利福尼亚大学洛杉矶分校经济学系，是现代新制度经济学和现代产权经济学的创始人之一。

使用这些知识生产衣服。这种生产方式的好处是不存在任何交易成本，但由于不存在劳动分工和专业化生产，导致劳动生产率低下。如果交易效率提高了，一部分人专门生产管理知识，另一部分人专门用管理知识来生产衣服，这样就能通过劳动分工和专业化生产提高劳动生产率。于是，组织劳动分工合作有了以下三种方式。

第一种合作方式是管理知识生产者将管理知识作为咨询服务卖给衣服生产者，再向后者购买衣服。这时，就存在两种产品市场，一个是管理知识的市场，另一个是服装市场，不存在劳动力交易，权威和剩余索取权是对称分配的，也就不存在企业。

第二种合作方式是衣服生产者雇佣管理知识生产者，前者令后者生产管理知识，再用这些知识生产衣服。这时就存在一个服装市场和生产管理知识的劳动力市场。

第三种合作方式是管理知识生产者雇佣衣服生产者，前者令后者用前者生产的管理知识生产衣服，这时就存在服装市场和生产衣服的劳动力市场。

其中后两种合作方式或者称作交易方式就是间接交易方式。这种交易方式是权威和剩余索取权的不对称分配，雇主有使用所雇劳动力的权威并享有剩余索取权，而雇员没有，因此，就都出现了企业。而且这两种方式都是用劳动力的交易来代替产品和管理知识的交易。

说到这里，我们提出两个问题，为什么我们认为以天九共享控股集团（以下简称为天九）为代表的广义共享经济模式的出现，是超越传统共享经济的划时代创举？为什么在已经有诸多介绍共享经济著作的情况下，我们需要提出和别人不一样的"大共享理论"和大共享时代？

自　序

　　这是由于，我们在"杨—黄模型"基础上提出了一个拓展模型："杨—黄模型"下的后两种合作方式所产生的企业虽然可以整合足够的生产衣服的知识和能力，能够有效率地生产衣服，但它们却不具备销售衣服的知识和能力；同样，有另外一类企业，其是通过"杨—黄合作模型"整合起来的企业，具有销售衣服的知识和能力，却不具备生产衣服的知识和能力，这种情况下具备生产衣服知识和能力的企业与具有销售衣服的知识和能力的企业，如何进行合作呢？实现这种合作可以通过直接交易方式，双方直接购买对方的产品或者服务，或者与上面同样逻辑的间接交易模式。

　　在这之中，通过建立一个平台以促成这种间接定价和间接交易的过程就是本书提及的广义共享经济和大共享，从这个过程，我们就可以看出大共享和传统共享经济模式之间的不同：传统共享经济模式无论是促成物品还是服务的交易都需要依托互联网平台进行直接定价和直接交易，比如，Uber是轿车和司机服务的交易平台，属于直接定价和直接交易；Airbnb是公寓和公寓服务的交易平台，同样属于直接定价和直接交易，而天九创立并且实践多年的商业模式是促成企业家之间的"联营""抱团""市场锁定"，其本质是促成一些非常难于直接定价和直接交易的要素进行间接定价和间接交易，比如企业家精神、市场资源、知识产权等，这些要素是最重要的生产要素，这些要素捉摸不定，看不见，摸不着，所以很难估计具体的价格。

　　大共享就是"间接定价理论"的延伸拓展，是一种基于间接定价理论的广义共享经济概念。

　　间接定价有什么好处？实际上，直接定价并不是一种有效率的契约模型，用直接定价模式很容易确定一个司机的服务价格，可像爱迪生[①]或者特斯拉[②]这样的发明家，用什么价格能买到他们脑子里的知识和创新能力呢？像扎克伯格[③]、任正非[④]这样的企业家，用什么价格能买到他们的企业家精神呢？一个有人格号召力的地方商业领袖用多少价格能买到他在当地的影响力呢？而谁又能怀疑这些要素所具有的价值呢？这些通过直接定价无法给出的价格，只能通过间接定价的方式加以解决，天九所做的工作，就是让这些要素所有者形成合作关系，并通过股份公司方式实现利益分享，即用间接的定价手段促成这些核心要素的交易。

在人类的历史的长河中，交易的发展就是经济的发展，促成高级交易就是实现高级的经济形态。因此，我们说天九的探索，就是在经济领域中像哥伦布航海一样的伟大探索，阿里巴巴对外宣称的使命是让天底下没有难做的生意，其所指的生意是直接定价和直接交易，而间接定价和间接交易则是更"高级"的生意，只有打通这一关才可以称得上真正意义上的让天底下没有难做的生意。

---

① 托马斯·阿尔瓦·爱迪生 (1847—1931)，发明家、企业家。他发明的留声机、电影摄影机和改进的电灯对世界有极大影响。
② 尼古拉·特斯拉 (1856—1943)，发明家、物理学家、机械工程师、电气工程师。1895 年，他替美国尼亚加拉发电站制造发电机组，该发电站至今仍是世界著名水电站之一。1897 年，他使马可尼的无线电通信理论成为现实。1898 年，他制造出世界上第一艘无线电遥控船，无线电遥控技术取得专利。1899 年，他发明了 X 光 (X-Ray) 摄影技术。其他发明包括：收音机、雷达、传真机、真空管、霓虹灯管、飞弹导航等。以他名字而命名了磁密度单位 (1Tesla=10000Gause)，表明他在磁学上的贡献。
③ 马克·艾略特·扎克伯格，社交网站 Facebook(脸书) 的创始人兼首席执行官。
④ 任正非，华为技术有限公司主要创始人兼总裁。

自 序

天九发现了全世界最难解决的间接定价和间接交易的新大陆，也开启了大共享的伟大时代。

参考文献

[1] [美]约翰·S. C. 阿伯特. 哥伦布、大航海时代与地理大发现[M]. 周琴译. 北京：华文出版社，2019.

[2] Felson M., Spaeth J. L. Community Structure and Collaborative Consumption: A Routine Activity Approach[J]. American Behavioral Scientist, 1978, 21(4):23.

[3] 杨小凯, 黄有光, 张玉纲. 专业化与经济组织[M]. 北京：经济科学出版社, 1999.

[4] Coase R. H. The Nature of the Firm[J]. Economica, 1937, 4(16):386-405.

[5] None. The Contractual Nature of the Firm[J]. The Journal of Law and Economics, 1983, 26(1):1-21.

[6] 马云. 让天下没有难做的生意![J]. 中外管理, 2009(10)：54-54.

目　录

目 录

第九章
新增资源消耗减半，劳动时间减半
——大共享时代下的社会生态 / 155

从大航海
到大共享

1.1

‖

历史从这里分开篇章

公元前210年，秦帝国的东海之滨，一位叫作徐福的航海家和几千名童男童女正在准备一次遥远的航行。徐福是一位有魅力的说服者，他向他的皇帝描述了在海的那边有三座仙山：蓬莱、瀛洲和方丈，仙山上居住着仙人，他们有长生不老的仙方，这深深地触动了已经成为中央帝国皇帝的嬴政，嬴政给了徐福丰厚的资助，甚至包括足以在海上支撑三年的粮食，但嬴政到死也没有等到徐福带回来的长生不老的仙药，徐福他们去了哪里？是不是已经命丧大海？答案已经无从揭晓。但直至2000年后的今天，日本依然有人宣称自己就是徐福这次远航的后人。

1405年，一位深受皇帝信赖的名叫郑和的太监，在今天的南京开启了他的航海事业。皇帝资助他修建了规模宏大的造船厂，建造出根据后人考证有60多米长的"宝船"，这是当时世界上最大的木质帆船。这个举帝国之力打造出的规模庞大的联合舰队，它的航行目的据《明史》记载是"成祖疑惠帝亡海外，欲踪迹之，且欲耀兵异域，示中国富强"。在当时的航海技术下，他们航行到东南亚、印度洋乃至东非的一些部落国家，得到很多稀奇的贡品；同时，被这些国家的国王朝拜。这样的航行一共进行了7次，郑和热衷于代表皇帝向那些部落国家首领宣示天朝的秩序："尔等只顺天道，恪守朕言，循理安分，勿得违越，不可欺寡，不可凌弱，庶几共享太平之福。"但当时的郑和对开拓海外贸易并不感兴趣。随着郑和的老去，中国舰队的远航逐渐被后人遗忘了。

就在郑和打造宝船为加强对外友好往来、宣扬国威而远航时，地球的另一端，葡萄牙王国年轻的亨利王子①也在构想他伟大的航行。据说这位王子对权力没有兴趣，根本不愿参与任何宫廷的政治斗争，对欧洲大陆以英法争霸为主线的较量没有兴趣，甚至对女色也没有兴趣，终身未娶，过着俭朴的生活。然而，他却对航海探险异常痴迷。他创办了一所航海专业学校，像政治家招募党羽一样网罗各地地理学家、地图绘制家、数学家和天文学家共同研究制订航海计划、方案；在这个过程中，他还广泛收集地理、气象、信风、海流、造船、航海等文献资料，并加以分析、整理。

当时的伊比里亚半岛刚刚从阿拉伯人的统治下挣脱出来建立起葡萄牙王国，成为一个独立的天主教国家，有着强烈的宗教冲动，

---

① 亨利王子(1394—1460)，全名唐·阿方索·恩里克，维塞乌公爵、葡萄牙亲王、航海家，因设立航海学校、奖励航海事业而被称为"航海者"。在他的支持下，葡萄牙船队在非洲西海岸至几内亚一带，掠取黄金和象牙，抓捕奴隶，并先后占领马德拉群岛等。

他们想寻找传说中远在东方信仰基督教的约翰长老国①，期待和他们联手共同对付阿拉伯人的势力。因此，亨利王子的航海想法也得到了国家的支持。1419年或1420年，亨利王子终于派出一支比郑和的舰队寒酸得多，仅有一艘帆船的探险队，进行第一次航海。但是，在向南探险的过程中，船被风吹偏了方向，就这样，马德拉群岛被发现了。虽然传说中，这个群岛并非第一次被发现，比如罗马人早在公元前就来到过这里，迦太基人也曾经在这里落脚，但随着两大帝国的湮灭，那些传说早已无据可查。当探险队回程向王子报告这个发现时，王子作出了影响今天葡萄牙版图的决定——他宣布马德拉群岛是葡萄牙的国土。为了犒赏他的探险队，他把群岛分封给队伍中的两位主要人物扎尔科和瓦兹，让他们在岛上殖民开拓。

从此，怀着殖民和贸易，获得领土、金银、香料、奴隶的强烈动机，欧洲的勇敢者们把航海探险作为建功立业的成功之路。

1486年或1487年，葡萄牙探险家巴托洛缪·迪亚士②率领三只船沿非洲西海岸继续南下，但途中不幸遭遇风暴，经过十几天的搏斗，在1487年2月漂到非洲东海岸的阿尔戈阿湾附近。这是欧洲人第一次绕过非洲南端到达非洲东海岸。他回到葡萄牙，向国王描述了在大西洋和印度洋的交接处有一个无名的岬角，暂称它为"风暴角"，而国王比他乐观，把这处海角命名为"好望角"。

---

① 西方盛传的东方基督教国家，著名旅行家鄂多立克在其《游记》中，认为"他的首要城市是东胜（Tozan）"（今内蒙古自治区托克托县）。《游记》同一节还提到甘肃（KanSan）省。参见《鄂多立克东游录》。

② 迪亚士出生于葡萄牙的一个王族世家，青年时代就喜欢海上的探险活动，曾随船到过西非的一些国家，积累了丰富的航海经验。

第一章 从大航海到大共享

葡萄牙贵族瓦斯科·达·伽马[1]，深受国王信赖，1497年7月8日，国王命他率领一支约170名船员的船队，分乘4艘帆船，从里斯本出发，前往印度。达·伽马11月22日绕过好望角，12月初到达前辈迪亚士所到最远处的阿尔戈阿湾，但他没有止步，而是选择继续北上。经莫桑比克、蒙巴萨，于1498年4月到达肯尼亚的马林迪。在这里，他遇到了一位有经验的阿拉伯水手阿哈默德·伊本·马吉德。由马吉德领航，他们沿着中国和阿拉伯海员已经熟悉的航线横渡印度洋，于1498年5月20日到达印度西海岸的卡利卡特(即《瀛涯胜览》里的古里)。次年9月，达·伽马率领满载香料和宝石的船队回到里斯本，受到国王的丰厚奖赏和隆重欢迎。综合算下来，这次航行所获得的财富为航行费用的60倍。在此之后，达·伽马三次航行到印度，被国王封为印度总督。至此，他获得的金钱和荣耀激励了更多人探索海洋。

这时，一位没有任何荣耀、家族背景的热那亚人哥伦布[2]产生了一个更加宏伟的构想，他相信地球是圆的，虽然这在当时还是极具争议的新思想，但他认为从欧洲不用经过陆地的丝绸之路，通过海洋向西航行也可以到达印度和中国。当时的热那亚是欧洲的商贸中心，那里的人极具商业头脑，哥伦布同样也有着商人的那种敢为天下先的勇气。他拿着计划书游说英国、法国、意大利和葡萄牙，但几乎都被人当作骗子，因为在欧洲王室的眼里，一个没什么背景

---

[1] 瓦斯科·达·伽马 (约 1469—1524)，出生于葡萄牙锡尼什，葡萄牙航海家、探险家，从欧洲绕好望角到印度航海路线的开拓者。

[2] 克里斯托弗·哥伦布 (1451—1506)，意大利探险家、殖民者、航海家，大航海时代的主要人物之一。

名堂的人却拿出一个那么宏大的计划，而且还像贵族一样，要价颇高，不容还价，简直不可理喻。例如，他跟王室们索要"航海司令"的头衔，并要求得到10%的战利品，还要求将他发现并殖民的国家的总督职位继承给他的后代。正当哥伦布处处碰壁时，西班牙王后认为值得在这个眼中放射着狂热光芒的年轻人身上赌一把，她想说服自己的丈夫资助这位年轻人，甚至愿意拿出自己的嫁妆来赞助。最终，1492年4月17日，哥伦布与西班牙国王签订了著名的"圣大菲协定"。协议约定：西班牙国王作为哥伦布远航计划的赞助人，同时也是哥伦布新发现一切土地的宗主和统治者，任命哥伦布为上述地区的总督、钦差大臣和海军司令，并有权获得当地总收入的10%。

在西班牙国王的资助下，1492年8月3日，哥伦布开始了代表西班牙国王的4次远航，规模最大的一次有1000多人。不过他的地理知识不是很全面，他到达古巴时，以为是到了中国的一个比较贫困的地方；他到达南美洲，在委内瑞拉这样的地方，以为到达了印度，称当地原住民为印度人①，直到有一位更加细心的佛罗伦萨人阿美利哥·卫斯普奇于1499—1502年几次去往哥伦布到达的地方考察，回到欧洲出版了一部游记，才断定那根本不是印度，而是"新大陆"。后来这片新大陆被命名为"阿美利哥"。

15世纪末到16世纪初这段时间，和以往人类几千年间时断时续

---

① 1492年10月12日凌晨，哥伦布带领的三艘西班牙帆船，经过70个昼夜的艰苦航行，终于跨越大洋，登上了中美洲巴哈马群岛的陆地。可是，他却以为到达的是印度的岛屿，并把当地的土著居民当作印度人。所以，直到今天，美洲原住民还被称作"印第安人"，这一带的岛屿，也被叫作"西印度群岛"。哥伦布活了55岁，直到1506年去世，也没有明白自己到达的是一个"新大陆"。

但延绵不绝的航海史不一样，这段时间的航海被明确的经济动机驱动，具有强烈的地理发现欲望，使得航海探险走到历史大舞台的聚光灯下，并成为时代交响乐中的最强音，这个时代被称作大航海时代。

美国历史学家L. S. 斯塔夫里阿诺斯[①]在研究区域历史的过程中深感对西方中心主义的叙述无法表现今天这个世界的视野，无法体现广阔和多样性的地理版图对人类文明的贡献。他转而希望作出一个全球视野的宏大叙述，打破原先常见的上古、中古、近古、现当代的历史框架，将数千年的世界文明史一刀划分为两个部分，即以大航海时代为背景的公元1500年为界，因而撰写了《全球通史》这部巨著。这本书在1970年出版时，分为"1500年以前的世界"和"1500年以后的世界"两册。

---

① L.S. 斯塔夫里阿诺斯 (Leften Stavros Stavrianos，1913—2004)，美国当代著名历史学家。1913 年生于加拿大温哥华，不列颠哥伦比亚大学毕业，在克拉克大学获文科硕士学位和哲学博士学位；曾任美国加利福尼亚大学的历史教授、西北大学的荣誉教授和行为科学高级研究中心的研究员。斯塔夫里阿诺斯博士曾因杰出的学术成就而荣获古根海姆奖、福特天赋奖和洛克菲勒基金奖。

1.2

‖

地球是圆的

　　世界历史上有很多重要的事件都可以被认为是具有划时代意义的大事，比如：在中国人眼中，秦始皇征服六国可能是最重要的篇章；在英国人眼里，也许工业革命是最重要的篇章；在美国人眼里，也许莱克星顿的独立战争枪声是最重要的篇章。但为什么站在以斯塔夫里阿诺斯为代表的世界公民的视野中，唯有大航海时代才具有这样深远的影响，以致能够把整个人类历史分为上下两段？就连今天我们在认知世界的过程中提出的大多数命题，都可以看作大航海时代框架下的子命题？

　　斯塔夫里阿诺斯认为："1500年以前，人类基本上生活在彼此隔绝的地区，各种族集团实际上是以与世隔绝的方式散居各地。直到1500年前后，各种族集团之间才开始有了直接的交往。从那时起，它们才渐渐联系在一起，无论是南非的布须曼人、有教养的中国人，还是原始的巴塔哥尼亚人。因此，1500年是人类历史上的一个重要转折点。"

而大航海塑造了人类的世界观，通过航海的地理大发现，人们以事实胜于雄辩的哲理告诉大家：地球是圆的——这个信念早已存在于少数具有深邃思想和推理归纳能力的知识分子们心中。公元前6世纪，毕达哥拉斯就提出地球是圆的；1327年，意大利天文学家采科·达斯科里①被活活烧死，他的罪名是违背《圣经》的教义，试图论证地球呈球状，并相信在另一个半球上也有人类存在。

航海的地理大发现，使得人们开始思考是否还能延续把自己视为世界中心的思考方式，也使得几大孤立的文明板块进入你中有我、我中有你的交织与竞争状态，虽然这个过程也伴随着一些伊甸园状态下的原住民被征服和伤害。

斯塔夫里阿诺斯的研究还受到另一位历史学家的启发，他就是威廉·麦克尼尔②。作为全球史研究奠基人，麦克尼尔在1963年出版的《西方的兴起：人类共同体史》中同样讲述了以大航海为契机，西方打破以各自为中心的地理板块孤岛，成为之后几个世纪强势文明的输出者。

这个过程，受益的不光是西方各国，有些民族也因此兴起。比如犹太人，这个长期被碾压和驱赶的民族。历史上，几乎所有的国家都在刻意边缘化他们，但利用与生俱来的商业天赋，他们最终在

---

① 采科·达斯科里 (Cecco d'Ascoli, 1269—1327)，意大利星相学家、诗人、科学家。因为论及地球是球形的，而且在另一个半球上也有着同样的人类居住，他于1327年被宗教裁判所判处火烧死。

② 威廉·麦克尼尔 (William Hardy McNeill, 1917—2016)，著名历史学家、全球史研究奠基人、世界历史学科的"现代开创者"；芝加哥大学荣誉退休教授，曾担任美国历史学会主席、美国世界史学会主席。

世界网络的拓扑结构中找到了自己的节点。因为地球是圆的，他们不再担心自己在一个个政治版图的孤岛中被边缘化，只要能掌握商贸的节点，"我就是世界的中央。"这也可以说是一种阶级力量的此消彼长，马克思在《德意志意识形态》中说："土地所有者阶级和劳动阶级，即封建主和人民衰落了，资本家阶级、资产阶级则相应地上升了。"

1.3
‖
商业驱动的文明

彭慕兰[①]和史蒂夫·托皮克在《贸易打造的世界》一书里，探讨了为什么中国没有通过航海（特别是明代以国家力量资助的巨大远航）成就海上霸权。他们的结论是：商业的驱动而不是国王和皇帝们的野心，才是持久推动世界改变的力量。

中国历史学家罗荣渠比较了中国和西方的航海历史，也获得了启发，并开始思考一个问题：为什么中国的航海历史虽然在规模上远远超越欧洲，但最终却无法像欧洲的航海时代那样引起整个世界的结构性变化。

他在《15世纪中西航海发展取向的对比与思索》中列出如表1-1这样的表格，加以比较。

[①] 彭慕兰（Kenneth Pomeranz），美国人，著名历史学家，汉学家，"加州学派"代表人物。

表 1-1 航海队伍的组织形式和任务

	航海船队性质	航海经费来源	航海主要目的	航海队的主要成员	航海队扮演的角色
中国方式	皇朝特遣道舰队	• 国库拨付一切开支; • 指派官营机构造船和办货	对海外藩属确立册封和朝贡制度,宣扬国威	• 奉差的官吏; • 卫所官兵; • 招募的水手、工匠等	• 官方外交册封使团; • 朝贡贸易使团
西洋方式	王室特许私人航海探险队	以股份公司和私人集资主、王室资主或贵族赞助或直接参与	探寻新土地、新岛屿、新航路,搜寻黄金、香料,猎获战利品	• 航海冒险家; • 投机海商; • 牧师; • 招募的水手、士兵、工匠等	• 征服者; • 殖民者; • 基督教传播者; • 海盗

第一章　从大航海到大共享

中国历史上以皇帝荣耀驱动的航海探险，往往随着皇帝的改朝换代而终结。即便在郑和远航时，明朝皇帝也没有允许民间开展航海贸易，甚至为了拒绝贸易对农业国统治体系的挑战，出台了海禁政策。虽然短期来看，这种政策能够防止倭寇入侵，巩固王朝统治，但这种封闭思维却阻断了中国对外交流贸易的步伐，使得民间本可以发展的海上贸易力量被摧毁，牺牲新兴经济来服从传统的政治格局。

欧洲的大航海开拓了欧洲人的眼界与认知，改变了他们的世界观，使得他们的眼光从局限欧洲放远到整个世界，从此开始了雄心勃勃向世界迈进的步伐。而中国的大航海，虽然获得了各种珍禽异兽，新奇物品，但是它只增长了少数中国人的地理知识，满足了中国统治阶级的虚荣心，并没有改变中国人的世界观与故步自封的格局。所以，虽然经历了下西洋，中国人依旧在用封闭的眼光看待辽阔的世界。这着实是一件让人遗憾的事情。

以商业利益驱动的航海探险，嵌入到整个社会的利益分配和生活方式之中，就能动员更多的资源参与进来，调动企业家精神的发挥。正如道格拉斯·诺斯[1]和罗伯特·托马斯的论证结果，有效的组织需要在制度上作出安排，确立所有权作为一种激励，将个人的利益努力变成私人收益率，并接近社会总收益率，给个人足够的激励。为包括思想、发明、创新在内的知识所有权而制定的法律，可以提供更为经常的刺激，没有这种所有权，便没有人会为了社会利

---

[1]　道格拉斯·诺斯 (Douglass C. North，1920—2015)，美国经济学家、历史学家。诺斯是新经济史的先驱者、开拓者和抗议者。由于建立了包括产权理论、国家理论和意识形态理论在内的"制度变迁理论"，他获得了 1993 年诺贝尔经济学奖。

得而拿私人财产或者性命冒险。西班牙国王以万乘之尊也要和哥伦布签订"圣大菲协定"，以平等的契约主体确保探险家的利益分享，而不是根据皇帝的喜好对他的臣子进行随心所欲的赏赐。

这导致在大航海时代的舞台上，葡萄牙、西班牙这些国力远没有中国雄厚的国家扮演了重要的角色，从而为整个西方的崛起奠定了基础。

1.4

‖

大共享谱写新篇章

如果斯塔夫里阿诺斯今天还活着，在他的眼里，会不会有一个像大航海那样能把人类历史进行断代并引发结构性改变的事件呢？

毫无疑问，工业革命、互联网革命在人类历史上都可以看作很重要的节点，甚至这些技术革命对于整个人类产生了巨大的结构性改变，但很难说改良蒸汽机就比人类第一次制作和使用轮子更加具有跨时代的意义，也很难说互联网浪潮就比铁路建设对经济影响更大，甚至这些技术革命都可以看作大航海带给世界巨震后的余波。事实上，大规模的全球贸易使得超越传统家庭作坊的工业化大生产被提上日程，并催生了珍妮机、蒸汽机这样的技术，大规模的全球合作和通信需求才是促进互联网技术应用的原动力。

我们甚至可以认为这些技术革命仅仅是为与大航海一样规模和级别的大变革所做的技术准备，正如大航海时代来临之前铺垫的那些技术准备一样。公元前2000—前1000年左右，腓尼基人已经学会利用太阳和行星的位置确定方位，这推进了他们的近海航行；中国人早在战国时期就发现了磁石的特殊性质，李约瑟①在《中国对航海罗盘研制的贡献》一文中推测出如下结论：中国大约在一世纪到六世纪就发现磁石指向性转移到它吸过的铁块。在十一世纪以前的某个时期就已发现，不仅可以用铁块在磁石上摩擦产生磁化现象，还可以用烧红的铁片，经过居里点(Curie Point)②，冷却或淬火而得到磁化铁，操作时，铁片保持南北方向。造船技术也从史前人类就有的独木舟，发展到能够抗拒更大风浪的帆船。这些积累都是迎接大航海时代来临的技术准备。

在我们看来，一个和大航海时代一样重新塑造人类格局的，被称作"大共享时代"的产业革命已经来临，并浮现在地平线上。正如漫长的人类航海历史为大航海时代的来临做好了铺垫和准备一样，人类对于共享的行为和理念同样源于很久以前的早期人类文明时期，正如约克大学教授罗塞尔·贝尔克③认为的那样："共享不

---

① 李约瑟 (Joseph Terence Montgomery Needham，1900—1995)，英国近代生物化学家、科学技术史专家，其所著《中国的科学与文明》(即《中国科学技术史》) 对现代中西文化交流影响深远。

② 居里点 (Curie point) 又作居里温度 (Curie temperature，Tc) 或磁性转变点，是指磁性材料中自发磁化强度降到零时的温度，是铁磁性或亚铁磁性物质转变成顺磁性物质的临界点。低于居里点温度时该物质成为铁磁体，此时和材料有关的磁场很难改变。当温度高于居里点时，该物质成为顺磁体，磁体的磁场很容易随周围磁场的改变而改变。这时的磁敏感度约为 10^{-6}。居里点由物质的化学成分和晶体结构决定。

③ 罗塞尔·贝尔克 (Russell Belk)，共享经济研究领域的著名学者，20 世纪 80 年代开始，贝尔克教授在国际顶级期刊发表了一系列关于馈赠、分享等论文，尤其在 2007、2010、2013 和 2014 年对共享经济进行了持续的研究，逐步廓清了共享经济的形态，成为后续"共享经济"研究的主要参考内容，是目前该领域最具影响力的作者之一。

仅对以网络为特色的当下消费现象非常重要，也是最古老的消费类型。""共享并非新鲜事物，它早已存在，共享的思维比意识形态更为深远，深远到无法被战后的唯物主义扑灭。"

政治学家塞缪尔·亨廷顿[①]把人类文明的交流划分为三个时期：1500年以前称为遭遇时期；1500年至19世纪末称为冲击时期；19世纪末至20世纪初则是相互作用时期。由此可见，从相互作用时期进入到大共享时代是必然的。

我们认为大共享时代和大航海时代一样，将为人类掀开一个崭新的篇章。以下几个主要理由将在下面的章节中一一加以论述：

(1) 以商业力量为主导的共享浪潮已经风起云涌；

(2) 大共享是回应大航海之后全球地缘政治不平衡的内在要求；

(3) 大共享带来新的全球秩序。

---

① 塞缪尔·菲利普·亨廷顿 (Samuel Phillips Huntington，1927—2008)，美国当代著名的国际政治理论家；早年就读于耶鲁大学、芝加哥大学和哈佛大学，1951年23岁时获哈佛大学博士学位，留校任教长达58年，并先后在美国政府许多部门担任过公职或充当顾问。

1.5

‖

共享经济呈现井喷式增长态势

正如当年哥伦布拿着他的航海计划四处游说却被众多欧洲王室当作吹牛的妄人一样，大批共享经济的创业者也正在拿着他们寻找处女地的远航计划试图打动投资人，他们的创意揭开了世界经济的新版图。

2007年秋天，住在旧金山的布莱恩·切斯基和他的大学室友乔·杰比亚为即将面临的租金交付问题一筹莫展。这时乔·杰比亚和布莱恩·切斯基了解到旧金山即将举办一场设计展，由于展览火爆，当地所有酒店已经预定满了。乔·杰比亚从中发现了商机，他告诉布莱恩·切斯基他的想法：他们可以在客厅放几张空气床垫，然后将床位出租出去，为前来参会的设计师们提供一个落脚之地，并向他们提供房内的无线网、书桌和早餐等服务。后来，他们建立了一个网站，给他们的空气床打广告，居然在周末成功地招来了三个租客。他们将这项出租服务称为"空气床和早餐(Air bed and breakfast)"。后来，这个项目得到了YC孵化器的支持，成为迅速成长的全球性企业Airbnb。

1998年，卡兰尼克大学辍学后就想做个网络搜索引擎，它就是世界上第一个P2P文件下载资源的搜索引擎"Scour.com"，共享下载资源。到2000年，网站被好莱坞29家公司起诉侵犯版权，并索赔2.5亿美元。最终双方达成庭外和解协议，"Scour.com"向对方支付100万美元，随后这家公司宣告破产。但故事还没有结束，2009年，卡兰尼克与朋友加雷特·坎普到巴黎游玩，因为苦于打不到车而萌生了开发一款手机打车软件的念头，这个想法和之前文件资源共享思路有着相当程度的延续性，但这次，他选对了航道，优步(Uber)公司就这样诞生了。

Uber在很短的时间内就成了一家市值超过300亿美元的公司，他们的成功也鼓舞了后继者。

在中国，模仿Airbnb的模式，很快有了2012年成立的小猪短租。

借鉴Uber的同道则更多，这其中有2010年成立的易到用车，2012年成立于北京的滴滴打车和同年成立于杭州的快的打车，由于中国资本对于创新的追捧比西方更加强烈，这种模式一经诞生，就会产生大量的同质竞争者，直到2015年，以滴滴和快的宣布合并为标志，该行业已经成为模式成熟的共享经济范本。

一旦打开了共享经济的想象空间，中国在共享经济领域的拓展业务便如雨后春笋般层出不穷，运用范围比西方还要广泛，如共享单车、共享充电宝、共享雨伞等。

这些共享经济领域的创业项目不同于政府主导的投资，政府的投资天然带有公共物品的属性，比如政府建的图书馆是共享的，政府建的公路是共享的，甚至政府建的公共厕所也是共享的，政府还在其他很多领域进行公共设施投资。但这就像明朝皇帝资助了郑和的航海探险一样，政府力量驱动的投资行为，在调动社会资源和参与度方面不能和以市场力量和盈利动机驱动的资本投资相比。根据腾讯研究院《2016—2017分享经济发展研究报告》显示，在风投等资本市场的助力下，中国共享经济独角兽(市场估值超过10亿美元)和准独角兽企业累计估值已达6125亿元。共享经济企业成立时间平均达到2年以上，天使轮及A轮获投占比已经超过八成。在已经诞生的15家独角兽企业和49家准独角兽企业中，已有8家成功挂牌上市。

更为重要的是，今天共享经济领域的创业者们不仅像哥伦布一样富有探险家精神，而且比哥伦布更加具备商业头脑，他们懂得如何运用自己的创意获得投资人的垂青，并且为自己争取永久性的领地和红利。虽然这些人中有很多像大航海时代的先驱一样死在风浪中，但成功者获得的彩票头奖般的巨大利润，将会永远作为榜样激励无数的跟随者前仆后继。

1.6

‖

大共享解决全球结构性不平衡

　　大航海时代的一个重要背景是整个欧洲因为商业的兴起而产生的对金银货币的渴望。当时的欧洲一方面缺乏金银矿藏，另一方面由于市场对来自东方的香料、丝绸、瓷器的狂热追捧，而造成金银大量短缺。大航海之后的贸易，特别是来自美洲的金银输入改变了整个欧洲大陆的权力结构。

　　当今世界面临着比大航海时代前更严重的结构性不平衡，大航海时代每一个分割的板块相对于今天而言是自给自足的，世界贸易虽然已取得了长足发展，但陶瓷丝绸之类物品依然主要提供给人群中相对较少的贵族和富人作为奢侈品享用。而如今，世界贸易渗透到每一个普通人的生活之中，一个普通中国人早晨餐桌上的豆浆，其原材料黄豆可能来自于美洲；一个普通美国人穿的运动鞋，可能产来自中国南方工厂的流水线；一部普通的智能手机，从芯片到元器件、操作系统以及各种应用程序再到屏幕和组装工艺，几乎跨越了全世界的专利技术和供应链组合。

大航海时代的人类即便遇到航路中断，也无非是少部分人享受不了这些丝绸香料和瓷器，而今天的人类再也不能想象任何一个经济体包括个人的生活如果脱离了全球贸易体系，会倒退到一个怎样的生存状态。在这个背景下，今天全球体系的不均衡性带来的摩擦比历史上任何时期都更加尖锐。

历史上顶多是有钱人享受得多，所以大腹便便，穷人仅仅吃不饱穿不暖；而今天很多有钱人所占有的东西在穷人看来终其一生都不会接触到。

马克思谴责凭借资本就可以获取比体力劳动者更高回报的资本家为剥削者，谴责凭借土地就可以获得比农民更高收益的地主为剥削者，而如今仅凭借脑子里的创新和创意就可以获得千亿财富、远远超过资本家和地主收益的创业者时，我们称他们为知识英雄。

历史上欧洲殖民者通过把非洲黑人贩卖到美洲当奴隶以充自己劳动力的不足，如今发达地区可以通过输出技术和外包工业来利用欠发达地区的劳动力，但就在我们还没来得及充分谴责这种不公平时，人工智能和机器人技术的发展已经让流水线劳动者逐步失去了工作岗位。

历史上西方殖民者贩卖绑架黑奴或者欺骗华工到自己的国家从事采摘棉花或者挖矿修铁路这样繁重的体力劳动，如今发达国家和地区却千方百计阻挡像潮水一样想进入自己国家从事低端体力劳动的非法移民。

历史上欠发达国家和地区常常谴责发达国家和地区掠夺了他们的矿产和廉价劳动力资源，而如今，嗓门更大的发达国家和地区则谴责一些发展中国家正在掠夺他们的技术和知识产权，然后反过来以廉价工业制成品抢占发达国家和地区的市场，使发达国家和地区的公民失去就业岗位。

这种矛盾冲突的积累甚至已经把世界分裂为两套话语体系，自大航海时代推动的全球化体系的内在矛盾已经积累到了一个爆发的临界点。这种矛盾不仅是国与国之间的摩擦，更是整个资本主义体系与全球化权利主体之间的矛盾。工业革命后全球规律性的产能过剩，也造成了围绕产能输出主体和知识产权输出主体之间的深度博弈，而这种博弈还在日趋白热化。

1.7

大共享是新的全球秩序

大共享时代就像大航海时代一样，将建立起一套全新的全球秩序。

新大陆的殖民者在19世纪和美洲印第安原住民签下了在今天看来很不公平的协议，这很大程度上是两种文明碰撞的体现。印第安人的传统中完全没有欧洲人所拥有的依靠协议确立排他性的土地产权概念，著名的西雅图酋长①和他的族人被驱赶到保留地的时候，给"华盛顿大酋长"写了一封感人的信，信里说："对我们这个民族来说，这片土地的每一部分都是神圣的。每一处沙滩，每一片耕地，每一座山脉，每一条河流，每一根闪闪发光的松针，每一只嗡

---

① 西雅图酋长 (Chief Seattle, 1786—1866)，印第安人，美洲最古老的居民，是美国华盛顿州境内印第安人部落的领袖，信奉天主教，乐于与白人移民共处，并同西雅图的创立者之一戴维·斯温森·梅纳德建立了私人友谊。根据梅纳德的建议，西雅图得名于西雅图酋长。酋长原名希尔斯 (Sealth)，这中间因为一些口语误传，最后便成为 Seattle。

嗡鸣叫的昆虫，还有那浓密丛林中的薄雾，蓝天上的白云，在我们这个民族的记忆和体验中，都是圣洁的。"西雅图酋长不能理解，欧洲统治者根据他们不大明白的一纸协议就能将他们赶出祖祖辈辈所依赖、生活的猎场，这些"文明人"怎么能根据一纸协议就宣称占有土地呢？在给"华盛顿大酋长"的信末尾，他说："我们深知：大地不属于人类，而人类是属于大地的。"

2018年4月20日的中国外交部记者会上，当有记者向中国外交部新闻发言人提出有关美国财政部考虑限制中国在美敏感投资一事时，发言人称，最近美国在中美高科技领域动作频频，说到底是暴露了美方"只有我可以有，就不允许你有"的霸权心态。"美方应该清楚，科技进步应服务于全人类的福祉，而不应沦为某个国家推进霸权的工具。"这次对话很大程度反映出中美之间严重贸易摩擦的本质，也同时代了两种观念的激烈碰撞。而这种文化之间的碰撞一定会通过较为长期的磨合甚至剧烈冲突，最终达成妥协平衡的共识，问题只在于哪一方将更加主动地参与。

今天国际秩序下的板块矛盾，早已不像当年欧洲殖民者对于美洲非洲原住民的征服那样，具有碾压性的优势，而必须经过协商的方式进行相互妥协。杜克大学的行为经济学家丹·艾瑞里[1]描述了这样一个实验：两只黑猩猩被关在挨着的两个笼子里，笼子外有一桌食物，每只猩猩都能够到食物。摆放食物的桌子装有轮子，两只猩猩都能把桌子拉得离自己近一点。可每个笼子都配备一根"报复

---

[1] 丹·艾瑞里 (Dan Ariely)，美国杜克大学心理学及行为经济学教授，已出版两本畅销书——《怪诞行为学》《怪诞行为学2：非理性的积极力量》，皆名列《纽约时报》的畅销书目。

绳索",从笼子里伸出来连着桌子,猩猩只要拉这个绳子,桌子就会翻倒,它俩谁也吃不到。实验人员发现,如果两只猩猩能共享食物,双方都会很快乐并可以相安无事;如果任何一方把桌子拉得离自己太近,使得另一方无法够到食物,那么另一只猩猩就会被激怒,猛拉绳索,将整个桌子倾倒,索性谁都吃不到食物。这个实验说明,只有懂得分享,才能实现共赢。事实上,不仅个体间可以在共享中获益,国与国之间的交往同样需要在共享中相互配合。

共享不仅会带来国家间的板块碰撞,也会给相对传统的产业格局带来巨大的冲击,这就像工业革命冲击中世纪欧洲的行业公会一样。

Uber把大量家庭中的闲置车辆和有闲暇的劳动力调动起来加入传统的出租车市场,给传统出租车行业从业者带来了巨大冲击,这在很多地方引发了不正当竞争的诉讼,甚至引发了传统出租车司机和Uber司机间的冲突、司机和乘客之间的纠纷,甚至治安事件,也给整个社会带来了大量的负面消息。Airbnb则是把大量的家庭闲置空间和床位纳入短期住宿市场,冲击了多年来靠长期固定资产投资才形成的传统酒店行业,也对政府的管理和征税体系带来新挑战。

但我们认为,共享经济所带来的新旧经济板块摩擦终将使得世界经济格局达到一种新的均衡状态。

1.8

‖

通向新均衡

  我们认为，2008年具有标杆意义的共享经济企业Airbnb创立并在当年获得YC孵化器巨额扶持，是和大航海时代亨利王子成立船队并首次远航一样的标志性事件，这一创举拉开了大共享时代的帷幕。在这之后大约20年的时间里，也就是到2028年左右，将会出现一波又一波激动人心的创业型企业拓展共享经济版图，而这最终将覆盖和渗透到人类所有的经济活动领域之中。在人类历史上，这一时期将被定标为另一个"大航海时代"。从不同出发点扬帆的政府组织、非政府组织、私营企业部门将会千帆竞发，最终在世界的共享舞台上相聚。

  为了迎接风起云涌的"大共享时代"，我们大胆作出以下几项预言：

商业力量将推进全球公共品平台，缓解世界矛盾

没有任何一个经济体能成为一座孤岛，大共享时代不会也不应该像大航海时代一样造成强者对弱者单方面掠夺的局面，大共享可以为人类创造更多福祉，并实现全球经济的包容性增长。

知识产权交易规则共识将成为经济体间合作的基础

大共享最核心也是最艰难的探索，不是汽车如何被共享、床垫如何被共享，而是人类大脑中的思想财富如何被共享，这是大共享时代到来前的"最后一公里"。知识具有产权是全球主要经济体的普遍共识，不尊重产权交易规则将最终被整个体系所排斥，就像印度的"Copyleft"[①]成了近些年阻碍印度经济发展的原因之一。当然我们同样认为，对知识产权的过度保护也会阻碍世界经济的发展效率，所以，商业组织、政府组织、非政府组织应该携起手来，推动全球知识产权交易规则的优化。

交易节点就是制高点，平台竞争就是制度体系竞争

正如伦敦、纽约成为地理上的全球金融中心一样，能够成为全球金融交易节点并在全球产业中占据位置的原因并不完全是其地理位置的特殊性，更重要的因素是该区域的法治环境、政治稳定性、信息披露透明性等。

---

① "Copyleft"是一个由自由软件运动所发展的概念，是一种利用现有著作权体制来保护所有用户和二次开发者的自由的授权方式。在自由软件授权方式中增"Copyleft"条款之后，该自由软件除了允许使用者自由使用、散布、修改之外，"Copyleft"许可证还要求使用者修改后的衍生作品必须要以同等的授权方式（除非许可证或者版权声明里面例外条款所规定的外）释出以回馈社会。

所以，大共享时代的交易节点，有可能是一个区域，也有可能就是一个企业组织，在这样的环境下，一个注册在太平洋小岛国上的企业就可以比拥有庞大国土疆域的民族国家更有影响力和号召力。

商业的新物种大爆炸

在大共享时代，资源主体的所有权和使用权将被剥离，使用权还将被碎片化，交易平台为碎片化的资源以低边际成本进行组合提供了可能性；在这样的变革下，原有的商业板块，会产生出指数级别的排列组合。在大共享时代，商业领域会像寒武纪生命大爆炸一样涌现出大量的商业新物种，而且必将生长出商业领域的超级新物种。

参考文献

[1] [日]池上正治. 徐福[M]. 日本：原书房：日本，2007.

[2] 陈存仁. 被误读的远行[M]. 桂林：广西师范大学出版社，2008.

[3] [美]约翰·S. C. 阿伯特. 哥伦布、大航海时代与地理大发现[M]. 周琴，译. 北京：华文出版社，2019.

[4] 唐建光. 大航海时代[M]. 北京：金城出版社，2011.

[5] [美] L. S. 斯塔夫里阿诺斯. 全球通史[M]. 吴象婴，梁赤民，译. 北京：北京大学出版社，2006.

[6] [美]威廉·麦克尼尔. 西方的兴起：人类共同体史[M]. 孙岳，陈志坚，于展，郭方，李永斌，译校. 北京：中信出版社，2015.

[7] [德]马克思，[德]恩格斯. 德意志意识形态[M]. 中共中央马克

思恩格斯列宁斯大林著作编译局，译. 北京：人民出版社，1961.

[8] [美]彭慕兰，[美]史蒂文·托皮克. 贸易打造的世界[M]. 黄中宪，吴莉苇，译. 北京：人民出版社，2018.

[9] 罗荣渠. 15世纪中西航海发展取向的对比与思索[J]. 历史研究，1992(1)：3-19.

[10] [美]罗伯特·托马斯，[美]道格拉斯·诺斯. 西方世界的兴起[M]. 厉以平，等译. 北京：华夏出版社，2009.

[11] [英]李约瑟. 李约瑟文集[M]. 陈养正，译. 沈阳：辽宁科学技术出版社，1986.

[12] 王宁. 分享经济研究中的社会学分析视角[J]. 学习与探索，2017，8：35-43.

[13] [美]亨廷顿. 文明的冲突与世界秩序的重建[M]. 周琪，译. 北京：新华出版社：中国，2010：5.

[14] 腾讯研究院. 2016—2017分享经济发展研究报告，2016年分享经济总体市场交易规模超过2.4万亿元[J]. 中国战略新兴产业，2017(25)：72-76.

[15] 张宇燕，高程. 美洲金银和西方世界的兴起[J]. 国际经济评论，2004(1)：42-69.

[16] [美]丹·艾瑞里. 怪诞行为学[M]. 赵德亮，夏蓓洁，译. 北京：中信出版社，2008.

第二章

当我们在讨论共享经济的时候，我们在说什么

——从狭义共享经济到广义共享经济

近年来，共享经济被资本所追捧，可当人们将目光聚焦在摩拜单车、蛋壳公寓、共享充电宝这类带着共享经济光环的产业新星之时，却忽视了共享经济的本质。可以说，如果将共享经济比作一片森林，那么这些热捧的产业其实只是春雨后最先出土的嫩芽，而非森林的全貌。人们常常讨论这些产业项目，只是因为这些项目给人们带来了新鲜感，并片面地认为这就是共享经济的全部。

可是这样的话，问题也随之而来。既然共享一个睡眠舱，共享一辆汽车，甚至共享一辆自行车、一个充电宝都可以被视为共享经济经典案例，那么为什么收费的公共厕所不能被看作共享经济的范例？酒店的客房难道不也被很多人共享吗？大街上招手就停的出租车难道不是被乘客所共享吗？为什么人们不将这些传统出租业形态视为共享经济企业？

互联网企业也是这样，像Facebook、YouTube、新浪微博这样的互联网社交媒体，全世界每天有上亿的用户在这些平台上创造、分享内容，为什么他们不能被视为共享经济企业？

再想想，像万达这样的传统房地产企业，它开发出大量商业地产以吸引城市人流前往进行消费和娱乐，又建造出商住房成为众多企业的经营场所，这些为什么不能算作共享经济企业？

　　保险业似乎更具备共享经济的特征。最初的保险形式是海上保险，类似于现在的"众筹"，人人为我、我为人人。一群人拿出一部分资金，如果其中一个人出现意外，那么他的损失就由这个团体埋单。可以说，保险就是通过各种金融手段，实现投资人的风险共担，可保险公司为什么不能被算作共享经济企业？

　　还有一些历史悠久的大学，例如美国的斯坦福大学，开放的校园里有全世界最顶尖的学者向年轻人传授他们的思想和学问，通过这种知识的分享诞生了数不胜数的商业传奇，那么，这些开放的大学为什么不能算作共享经济平台？

　　再如，像天九共享集团这样的企业家合作平台，多年来一直致力于将资金、资源、创意、品牌等要素在企业家间共享，这样的企业为什么不能被视为共享经济企业？

　　无数案例都已证明，人们对共享经济的理解已经变成一种对时髦模式的追捧，而不是对商业模式本质的描述。

　　事实上，这样的理论困境在物理学发展史上也出现过。当牛顿力学已经完善到让人们误以为物理学已经发展到极致的时候，爱因斯坦发现了经典物理学的理论缝隙：光速恒定与观察者所属的惯性系无关。在此基础上他提出了相对论，在1905年发表的题为《论动体的电动力学》[1]一文中，提出了区别于牛顿时空观的新平直时空理论，后来被称为狭义相对论。

　　但是，狭义相对论是建立在惯性参考系中的，即运动要么是相对静止的，要么是相对匀速直线运动的，这两种状态一般被认为是

---

[1]　《论动体的电动力学》是阿尔伯特·爱因斯坦于 1905 年 6 月 30 日投稿于德国《物理年鉴》(*Annalen der Physik*) 所发表的第一篇狭义相对论论文。

等价的。可是在非惯性参考系中，狭义相对论就不适合了，虽然爱因斯坦花了极大精力，试图将狭义相对论和引力引入到非惯性系中，但均告失败。最终，他决定抛弃以前的想法，提出了广义相对论——在1915年完成，1916年正式发表——用来描述物质和引力间的作用。

可以说，广义相对论弥合了传统物理学与狭义相对论之间的鸿沟，成了物理学中具有跨时代意义的大事。

在我们看来，对共享经济这一理论进行准确描述在经济学体系中的重要意义不亚于相对论之于物理学的重要程度。

那么，我们就先来看看共享经济这一概念是如何被提出的。"共享经济"这个现在被广为引用的经济学概念最早不是由经济学家提出的，而是由两位社会学家提出的，这恰好超越了传统经济学对基于占有的理性的"理性人"假设，弥合了"经济人"和"社会人"的理论缝隙。

1978年，美国得克萨斯州立大学社会学教授马科斯·费尔逊和伊利诺伊大学社会学教授琼·斯潘思①合作发表了论文《群落结构和协同消费》。文章提出了一个全新理论：在供求双方中间加入一个由第三方创建的、以信息技术为基础的市场平台。这个第三方平台既可以是商业机构，也可以是组织，甚至是政府。个体借助这类平台，可以交换闲置物品，分享自己的知识、经验，或者向企业、

---

① 美国两位社会学教授马科斯·费尔逊 (Marcus Felson) 和琼·斯潘思 (Joe L. Spaeth) 是分享经济的鼻祖。他们在于 1978 年发表的一篇学术论文《群落结构和协同消费》(*Community Structure and Collaborative Consumption：A Routine Activity Approach*) 中首次提出分享经济。

某个创新项目筹集资金。这种经济形式牵扯三大主体，即商品或服务的需求方、供给方和共享经济平台。共享经济平台作为连接供需双方的纽带，通过移动LBS应用[①]、动态算法与定价、双方互评体系等一系列机制，使得供给方与需求方通过共享经济平台进行交易。

在这个理论框架下，涌现出了各种各样的第三方经济平台，它们成为传统经济体系之外的新兴经济体，甚至大有替代传统经济的势头。比如共享WiFi的代表必虎WiFi，共享出行的代表Uber、滴滴打车，共享空间的代表Airbnb，共享办公的代表WeWork，共享度假的代表VaShare，游戏领域的Steam、AUV共享游戏，面向全球的在线工作平台AAwork，共享资金价值代表Prosper，共享饮食的Eatwith，等等。

虽然通过这一理论可以解释上述经济体的形成机理，但也造成了如前所述的理论冲突。既然我们把这些新经济企业称为共享经济企业，那么如何理解那些形式上属于互联网企业、房地产企业、保险公司，但其商业本质就是共享经济的经济体呢？

为了解决这个问题，我们还是要回到爱因斯坦。当时他提出两个基本原理作为广义相对论的推理基础：①等效原理，即惯性力场与引力场的动力学效应是局部不可分辨的；②广义相对性原理，即所有的物理定律在任何参考系中都取相同的形式。

---

① 　LBS：基于位置的服务，它是通过电信移动运营商的无线电通信网络（如GSM网、CDMA网）或外部定位方式（如GPS）获取移动终端用户的位置信息（地理坐标，或大地坐标），在地理信息系统（外语缩写为GIS，外语全称为Geographic Information System）平台的支持下，为用户提供相应服务的一种增值业务。

正如爱因斯坦以广义相对论来弥合狭义相对论和经典力学之间的裂痕一样，我们需要一种更加准确的理论范式来体现共享经济和共享经济企业的关系。所以，在大共享时代，我们提出广义共享经济的理论，用来弥合理论"共享经济"与现实"共享经济"之间的鸿沟。我们同样以两条基本原理作为推理的基础。

(1)等效原理："经济人"假设和"社会人"假设在微观经济行为的解释上是一致的。

(2)广义共享原理：不论是新兴共享经济组织，还是传统业务以"共享"为主的经济组织，在推广和运用"共享"方面，本质是无差别的。

通过广义共享经济的视角，我们不仅可以更加深刻地认识当前被称为共享经济企业的业态，也可以帮助传统经济企业主动拥抱共享经济——因为大共享时代已经到来，这是任何企业和个人都不能漠视和回避的。

参考文献

[1] 王丹丹. 面向科学研究的社交媒体数据共享问题研究——美国国会图书馆的案例分析[J]. 档案学研究，2018(2)：101-106.

[2] 邓鸿翔. 万达发展研究及启示[J]. 经营管理者，2010(23)：283-284.

[3] 郭颂平，赵春梅. 保险基础知识[M]. 北京：首都经济贸易大学出版社，2006.

[4] 刘润，印小晶，杨旭涛. 斯坦福大学：与硅谷持续良性互动

[J]. 上海教育，2014(34)：33-35.

[5] 许良英，李宝恒，赵中立. 爱因斯坦文集[M]. 北京：商务印书馆，2009.

[6] Felson M., Spaeth J. L. Community Structure and Collaborative Consumption：A Routine Activity Approach[J]. American Behavioral Scientist, 1978，21(4)：23.

[7] 赵铁. 共享经济催生的商业模式变革研究[D]. 重庆大学，2015.

[8] 赵峥，刘文彪. 广义相对论基础[M]. 北京：清华大学出版社，2010.

第三章

一头还未被完全认识的"大象"

——以工业 4.0、智慧地球、包容性增长为例

3.1
‖
厘清共享经济的底层逻辑

共享经济不同于人类传统的共享意愿和共享行为，其本质是以经济利益驱动的市场行为，从共享到共享经济要跨越的鸿沟是将不易于被共享的资源通过市场机制实现定价和可交易的过程。比如一辆单车和一间度假别墅使用权的共享就是共享经济，但是，还有一些领域的"共享"比共享一辆单车和一间度假别墅拥有更复杂的交易机制，这就是"大共享"的使命。而这些更加复杂的市场化共享追求，需要通过制定新的规则来实现。

当今世界，来自各大经济板块的智者都为世界经济新秩序开出过药方，但这些方略往往根植于各自的经验土壤，这就造成了各说各话，形成了一个个分裂的话语体系。而这些话语体系进而又嵌入到各自的经济体运作之中，最终导致不同经济体板块间产生了愈演愈烈的竞争和摩擦，而且这些话语体系又往往逻辑自洽，再加上很少有沟通对话，最终导致相互排斥的世界格局出现。

IBM在2008年11月创立了一个被称为智慧地球(Smarter Planet)的概念，2009年就受到美国总统奥巴马的高度赞扬，并试图向世界推广；2011年在德国汉诺威工业博览会上，德国政府正式推出工业4.0(Industry4.0)概念，马上得到以德国弗劳恩霍夫协会为代表的众多高科技制造产学研实体的追捧和推广。虽然这些方略对解决当今世界经济存在的问题来说不失为一些很好的办法，但他们都基于各自视角、各自领域进行阐述，几乎互不联系。

然而，世界经济的大框架往往来自于众多分布式板块，基于各自探索后的集成，所以厘清这些独树一帜的话语体系背后所体现出的共同底层逻辑就非常重要，只有找出其中的共性，才能形成共识，最终达到携手合作的目的。

3.2

‖

工业 4.0 就是工业能力大共享

"工业4.0"研究项目受到德国联邦教研部与联邦经济技术部的联手资助，在德国工程院、弗劳恩霍夫协会、西门子公司等德国学术界和产业界的建议和推动下形成，目前已经上升为德国的国家战略，且德国联邦政府在该计划上的投入已达到2亿欧元。

德国政府之所以提出"工业4.0"战略，目的是提高德国工业的竞争力，在新一次的工业革命中抢占先机。而目前，该战略已经得到德国科研机构和产业界的广泛认同，弗劳恩霍夫协会将这个概念引入到了其下属的6～7个生产领域的研究中，西门子公司也已经将这一概念引入其工业软件开发和生产控制系统。可以说，"工业4.0"已经成了德国的另一张名片，并将在全球范围内引发新一轮的工业转型竞赛。工业4.0涉及众多部门、企业和领域，形成了一个庞大的跨行业、跨部门的协作共同体。

概括起来，工业4.0具备以下几个特点。

1. 工业4.0是对人类工业成果的概括和升华

工业1.0时代——18世纪末，第一次工业革命让人类进入蒸汽机时代，以瓦特改良蒸汽机取代人力为代表，将手工业从农业中分离出来，使人类进入到工业化时代。

工业2.0时代——20世纪初，第二次工业革命让人类进入到电气时代，电力的广泛应用触发了工厂流水线的出现，使世界进入到大规模生产时代。

工业3.0时代——20世纪后半期，第三次工业革命将人类推进PLC(可编程逻辑控制器)①和PC时代。在此期间，电子计算机技术得到了迅猛发展，机器不但替代了人类的部分体力劳动，也接管了一部分脑力劳动，工业生产能力自此超越了消费能力。从此，世界经济进入了一个产能过剩时代。

2. 解决全球工业产能过剩且不均衡的难题

目前全球产业的主要问题是高端产业产能不足而低端产业产能过剩，供需严重不匹配，世界经济发展不平衡的问题日益突出。以汽车制造业为例，在20世纪初以福特为代表的流水线生产初期，下线一台T型车，马上就会销售出去，根本不会产生库存问题；而现在，如果你走入一家中国的汽车工厂，就会发现虽然部分车型依然供不应求，但更多车型大量积压在仓库中。比如，新闻报道过的"海马汽车"，在2019年上半年一共只售出17台，这就显示出目前，经济领域中的需求端和供应端已经严重失衡。造成这个问题的

---

① PLC (Programmable Logic Controller) 是一种数字运算操作的电子系统，专为在工业环境下的应用而设计。它采用可编程序的存储器，用来在其内部存储执行逻辑运算、顺序控制、定时、计数和算术运算等操作的指令，并通过数字的、模拟的输入和输出，控制各种类型的机械或生产过程。

主要原因是：销售部门与生产部门的信息严重不对称，你卖你的，我生产我的；各自使用的系统互不相连，信息严重不对称。销售说要产量，生产就说质量无法保证；销售说要质量，生产就会说产能跟不上。

而工业4.0的出现就解决了全球工业产能过剩且不均衡的难题。科技创新把工业能力推向了一个前所未有的高度，它集合移动互联网、物联网、云计算、大数据、3D打印、人工智能等众多高新技术，让客户需求不断地从消费端渗透到生产端。

现在，整个世界都面临着经济复苏乏力、产能严重过剩、资源环境恶化等新问题、新挑战，各国也都在努力寻求解决问题的途径。而这其中，通过信息技术的广泛融合和深度应用，努力培育新产业、新经济增长模式，实现经济发展方式转变和产业结构调整就是最重要的一环。

3.工业4.0就是智能创造

从技术的角度来看，工业4.0就是智能制造。这种新模式将生产环节的各种资源、信息、数据、设备和消费者融合在一起，形成相互联网的"信息物理系统(Cyber-Physical System，CPS)"[①]。从客户下单到生产环节的原材料采购再到产品出厂配送形成了一条完整的供应链条。这使得整个营销过程、生产制造过程、物流管理过程实现了数字化、可视化、智能化，在降低成本的同时又提高了生产

---

① 信息物理系统：一种融合嵌入式系统 (ES)、计算机、无线传感器网络 (WSN)、物联网 (IOT) 等技术，能够处理、融合海量异构数据，在复杂环境下能稳定、安全地处理信息，有较高的自适应、自主协调以及自治能力，计算与物理进程以相互反馈信息的方式紧密融合、互相影响的新一代智能网络控制系统。

的灵活性和资产的利用率。相比于前三次工业革命，"工业4.0"最大的优势是通过互联网技术手段将产品的生命周期与顾客的个性化需求实现互通、互联、互动，并进行实时管理，从而形成一个整体的柔性生产系统，最终实现个性化产品以高效率批量化方式生产，也就是大规模定制的生产模式。这种生产模式最大程度地将个性化与大规模生产相结合，既能满足客户需求，又能以较低的成本和较短的交货周期满足生产商的要求。

　　整个过程看起来也非常魔幻。首先，消费者通过手机APP下单并输入自己的个性化定制需求，在这个过程中，消费者也可参与"研发"互动，提供更多的创新思路，以满足自己所需；接着，智能工厂在接到客户发出的订单后，可以从类似阿里巴巴这样的电商平台采购原材料和零部件，并将这些原材料赋予特别的属性，如"某某客户定制专属材料"，如果自身条件有限不能满足客户需求，还可以通过平台征集其他生产设备或合作伙伴共同参与制作；随后订单进入生产环节，智能设备会随时读取原材料信息，并与APP输送的客户信息进行实时比对，生产出符合客户个性化需求的合格产品；之后，系统会通过定制的物流平台为客户交货，并通过网上支付进行结算，形成跨领域的"行业支持"。接下来，技术成熟、产品定型之后，生产商就可以进行"标准化"生产，这样就使得制造业具备了弹性，从而实现标准化与多样化并存，既能适应客户多样化的需求，又能进行大规模生产。

　　过去粗放型经济增长方式所带来的产能过剩和高能耗、高污染等问题已经严重影响了工业发展进程，并成为制约发展中国家，乃至全球经济增长的重要因素。德国政府提出并推动"工业4.0"概念固然是为了维持德国在世界工业中的领导者地位，但"工业4.0"所具备的优势、前景和潜在价值与当前全球经济所要解决的问题相适应，而它的底层逻辑恰好就是通过运用共享经济思想，共享存量工业产能，节省重复资源，从而提升先进技术对落后工业的赋能能力。这个理念也改变了传统行业的面貌："工业4.0将最大程度地促使企业从大规模生产向个性化定制转型、从生产制造向服务型制造转型、从要素驱动向创新驱动转型。"

相较于粗放型增长方式，集约型经济增长方式在生产规模不变的基础上，采用新技术、新工艺，通过改进机器设备、加大科技含量的方式来增加产量，依靠提高生产要素质量和利用效率，最终实现经济增长。通过这种方式实现的经济增长，消耗较低，成本较低，产品质量较高，这就使得经济效益实现了质的飞跃。

传统工业的现代化生产管理方式[①]与工业化信息管理方式[②]相结合，在移动互联网、物联网、云计算、大数据、3D打印、人工智能、机器人、5G等科学技术的推动下，助力工业信息化、自动化、智能化、可视化，实现人流、物流、信息流的有效收集、加工、处理、整合、共享和交互。在共享经济时代，企业的竞争关系将转变为竞合关系和共享关系，可以有效地推动工业生产力的发展。

---

① 传统工业的现代化生产管理方式包括5S现场管理、六西格玛（Six Sigma，6σ）质量管理、PDCA循环[即计划（Plan）、执行（Do）、检查（Check）、处理（Act）]、JIT准时生产方式（Just In Time）、零缺陷管理及丰田生产管理方式等。

② 工业信息化管理方式包括CRM(Customer Relationship Management，客户关系管理)、OA(Office Automation，办公自动化)、ERP (Enterprise Resource Planning企业资源计划)、HR(Human Resource，人力资源)、APM (Automated Precise Manufacture，自动化精确生产)、进销存财务系统等。

3.3

‖

智慧地球就是信息化能力大共享

2008年11月初，在纽约召开的外国关系理事会上，IBM公司CEO彭明盛①以敏锐的洞察力发表了名为"智慧的地球：下一代领导人议程"的主题演讲，引发了产业界的广泛关注。

这场演讲延续了IBM作为全球知名IT企业的发展和认知脉络。历史上，IBM总共提出了三个引发世界变革的概念，第一个是1995年时任CEO郭士纳提出的"电子商务"概念，这个具有前瞻性的概念为IBM带来了巨大的设备销量，并使之成为全球IT行业的领头羊。

后来，随着微软等软件公司的崛起，商用大型电子设备销量遇到了瓶颈，在这个情况下，2004年，时任CEO彭明盛提出了第二个概念："e-business on demand(电子商务随需应变)"。这时的IBM

---

① 彭明盛(英文名 Samuel Palmisano，萨缪尔·帕米沙诺)，毕业于约翰-霍普金斯大学，是 IBM(国际商业机器有限公司)前任董事会主席兼 CEO。

已经具备了信息化基础设施理念，他们的想法是将IT服务变成像自来水公司提供自来水一样，接上网络就可以为全球各地的不同需求者提供IT服务。

随着IBM将笔记本业务整体出售给联想，这家公司已经转型成为一个全球资源配置的智慧型企业，他们将人力资源中心搬到菲律宾，将财务中心设在马来西亚，将采购中心从纽约搬到了深圳，通过内部IT平台提高员工的协作和创新能力。通过长期的探索实践，IBM对基础设施的理解和洞察也变得越来越深刻。

因此在2008年，这家公司首次提出了"智慧地球"的概念，这是对传统物理基础设施和信息化基础设施的重新整合。彭明盛指出，"传统上物理基础设施和IT基础设施是分离的，一方面是机场、公路、建筑物、发电厂、油井；另一方面是数据中心、个人电脑、移动电话、路由器、宽带，现在，两者合二为一的时候到了。"

"智慧地球"概念符合美国的国家领导力战略，正如1993年克林顿政府提出的"信息高速公路"国家战略，推动了互联网浪潮一样，2009年奥巴马政府也捕捉到"智慧地球"对于美国软实力提升的意义，因此，奥巴马将"智慧地球"纳入到他的国策之中。

IBM借由"智慧地球"实现的转型升级既成了经典案例，也推动了物联网和云计算等一系列产业的发展，在实践上更是深刻影响了美国之外的诸多国家，比如IBM在中国推广了六大智慧："智慧电力""智慧医疗""智慧城市""智慧交通""智慧供应链"和"智慧银行"。这些新模式对中国政府和国有企业的现代化治理体系建设均产生了深远影响。

"智慧地球"的本质实际上是企业将其信息处理能力向外进行共享的过程，同时也是信息化能力强的国家将其信息能力进行全球共享的过程。虽然在这个过程中伴随着一些意识形态方面的较量，如发展中国家多少会感受到来自发达国家的傲慢。

与此同时，中国也提出了新型智慧城市的概念。在这个构想中，智慧城市是以人民为中心，建设生活服务便捷、社会治理精准、社会经济绿色、城乡发展一体、安全可控的城市。眼下，代表着潮流的智慧型城市正在中国掀起建设热潮，越来越多的政府、企业投入其中，先进案例不断涌现。无论是"智慧地球"还是"智慧城市"，其本质都是共享。

3.4

‖

包容性增长就是市场资源大共享

2007年，亚洲银行提出了包容性增长理念，在一份名为《新亚洲、新亚洲开发银行》的研究报告中，首次提出："新亚行关注的重点要从应对严重的贫困挑战，转向支持更高和更为包容性的增长。"这段话直面世界经济发展的不均衡性困境，特别是关注那些被排除在经济发展成果之外的国家和地区，以及妇女、儿童、少数民族等弱势群体如何才能获得发展机遇。

这个概念一经提出，就获得了诸多发展中国家的认同。发展中国家普遍存在着社会转型不充分的问题，局部产业和区域超过了发达国家的平均水平，但同时还存在着绝对贫困地区和落后产业，比如印度，种姓制度这样的落后传统依然深刻影响着印度社会，使得人民不能公平地分享经济增长的红利。

包容性增长则强调将教育、卫生、电力、水利、交通等基础设施惠及弱势群体，同时将市场机遇向弱势群体开放。包容性增长作为一面带有强烈人道主义色彩的旗帜，从它诞生以来就鞭策和推动着发达经济体积极利用科技和经济实力的领先优势惠及弱势同胞，要共享，而不要过度追求利益最大化。

在2011年4月15日的博鳌亚洲论坛年会开幕式上，中国国家主席胡锦涛发表了以"包容性发展：共同议程与全新挑战"为题的主旨演讲，演讲中，他阐述了中国对这一概念的看法以及中国将在"包容性发展"方面如何进行探索和实践，这意味着胡锦涛主席正式提出了"包容性发展"这一理念。在演讲中，他强调："在经济发展的同时，要获得社会的发展和人的发展。"2012年中国共产党在第十八次全国人民代表大会上提出"要倡导人类命运共同体意识"，更是从发展理论上倡导和关注人类的共同利益。

同样是2011年，同为经济学家的印度总理辛格也将包容性增长作为国大党政府的一项基本国策，结合印度特殊的治理环境，使得该国策不仅成为印度的一项经济指标，更成为不同宗教、民族、种姓群体间和谐共处及利益均沾的行为准则。

事实上，"包容性发展"就是由"包容性增长"的概念演变而来的，都是在倡导通过共建共享的方式，实现"共同富裕"。这一理念不仅符合国际国内发展大势和客观规律，同时也带有鲜明的价值导向，是一个目的性与规律性相统一的理念。

3.5

大共享需要重新被认识

以德国为代表的"工业4.0"理念，以美国为代表的"智慧地球"理念，以及以中国、印度为代表的发展中国家所倡导的"包容性增长"理念，其底层逻辑都是出于回应各自需求并基于自身的比较优势而产生的共享经济实践，只是被表述成了不同的话语体系。

这让人想起一个古老的寓言故事。有4个盲人很想知道大象是什么样子，可他们看不见，只好用手去摸。一位先摸到了大象的牙齿，就说："大象像一个又大、又粗、又光滑的大萝卜。"另一位盲人摸到的是大象的耳朵，他说："不对，不对，大象明明是一把大蒲扇！"第三位摸到了大象的大腿，就说："大象只是根大柱子。"最后一位摸到了大象的尾巴，从而得出结论：大象哪有那么大，它像一根草绳。4位盲人各持己见，都说自己摸到的就是大象。其实，他们都只是从各自的角度来认知大象，虽然那些角度都是真实的，但只是其中一部分，只有把他们的认知拼凑在一起，才更加接近大象的全貌。

大共享就是一头需要被人"触摸"的大象，有很多人伸手摸它，虽然仅摸到了一部分，也已经足够令人惊叹，可以做出很大的文章，但人们却在发挥其一方面的优势时，忘记了共享经济的全貌。

"包容性增长""智慧地球""工业4.0"已分别被提出12年、11年和8年。在这些理论旗帜指导下的经济模式，既各开生面，又相互交织，既有竞争又有互补，而他们共同的底层逻辑已经越来越清晰——大共享。传统以直接交易和直接定价为主的共享经济模式越来越显示出其不足之处，比如，在传统共享经济模式下，知识产权、企业家的影响力等要素难以实现市场直接定价，然而在大共享经济模式下，这些短板均可以得到弥补，通过大共享所具备的间接定价和间接交易等特征，可以实现交易的高级阶段：对人类的工业能力、信息化能力、市场和发展机遇等进行定价。这样可以更高地提升社会效率和创造价值，最终使得这些独树一帜的理论超越经济板块的隔阂而汇聚成一曲大共享的交响乐。

现在就是把大共享这样一头大象完整地呈现给世界的时候了。

参考文献

[1] 王红茹. 什么是"包容性增长"？[J]. 中国经济周刊，2010(38)：38-41.

[2] 丁纯，李君扬. 德国"工业4.0"：内容、动因与前景及其启示[J]. 德国研究，2014(4)：49-66.

[3] 于娜. 三次工业革命演变的动态分析[J]. 中国科技论坛，2014(9)：40-45.

[4] 张曙. 工业4.0和智能制造[J]. 机械设计与制造工程，2014(8)：1-5.

[5] 王喜文. 工业4.0：最后一次工业革命[M]. 北京：电子工业出版社，2015.

[6] 吴寿兵. 依托产业互联 实现转型发展[J]. 中国印刷，2015(s1)：150-150.

[7] 林永青. IBM的"智慧地球"[J]. 金融博览，2016(1)：44-45.

[8] 魏晨. IBM的转型实践与启示[J]. 信息网络，2005(8)：8-9.

[9] 卢宁. 包容性发展的理论内涵探析[J]. 四川理工学院学报(社会科学版)，2013，28(4)：1-5.

第四章

地球是圆的（上）

——东方小农性格在大共享时代的进化

广义上的东方和现代意义上的"西方"(包括日本、韩国这些接受了市场经济的亚洲国家),因为受到历史环境的限制,在近现代发展过程中出现了较大差异,不同的发展道路,也塑造了不同的国民性格。

但不同的发展道路最终能否通向"大同世界",实现殊途同归?大航海时代的地理大发现让人们从实证层面认识到地球是圆的,无论向东航行还是向西航行,只要在海洋上航行,最终都能到达同样的地方。同理,我们认为,大共享时代将给东西方的发展带来出发点不同、终点却一致的路径。我们观察并预言:东方和西方无须重复大航海时代征服与被征服的故事,就可以共同拥抱共享经济,从而实现更高层次的携手共赢。

4.1
‖
古老农业国的内部循环

中国是世界上产生农业最早的国家之一。"在世界范围内，农业起源中心主要有三个：西亚是小麦、大麦的发源地，畜牧业以饲养山羊和绵羊为主；东亚以中国为代表，是大米、小米的发源地，畜牧业主要是养猪，另有鸡、狗养殖等；中南美洲是玉米的发源地，伴有南瓜和豆类，这三种作物在印第安人的传说里被称为'农业三姐妹'。"基于这三大农业起源中心，产生了6个原生形态的文明——苏美尔文明、古埃及文明、印度河文明、克里特文明、中华文明(华夏文明)、奥尔梅克文明。

距今约一万年前，由于狩猎和采集无法满足人口增长对食物的需求，人类祖先在采集果实、捕鱼狩猎的同时，开始有意识地饲养动物和栽培植物，于是产生了农业和畜牧业的萌芽。到了新石器时代，社会生产的主流已由原始的狩猎采集发展到了"刀耕火种"的农业文明，并出现了纺织、制陶等手工业和一定的社会劳动分工，其中较为典型的是浙江余姚的河姆渡文化遗址和良渚文化遗址。距今约7000年至6500年的河姆渡遗址向世人展示了当时人们的主要粮食作物为水稻，并家养猪、狗、水牛等牲畜，同时还产生了对应的农业工具，如骨耜、石耜等，并有了固定居所"干栏式房屋"等。河姆渡文化遗址出土的这些文物集中展现了新石器时代稻作农耕文化中较高的发展成就。

随着人类征服自然的欲望逐渐增强和生存能力不断提高，到了距今约5300—4500年的良渚文化时期，农业生产水平提高到了一个新的阶段，从耜耕农业发展到了犁耕农业，这是中国古代农业史上的一次重大变革。由于农业生产力的提高，出现了剩余食物，且当时社会已经分化出了不同的等级阶层，这为私有制、阶级、国家的出现及以后农业经济发展奠定了有力的基础。以河姆渡文化和良渚文化为代表的新石器时代是我国原始农业的发达时期，粟、黍、稻、麦、豆等"五谷"已成为主要粮食作物，马、牛、羊、猪、狗、鸡等"六畜"均已开始被饲养，可以说"这个时候的农业已经跟后代的农业有非常明确的联系"。

到了夏商周奴隶社会时期，以井田制为代表，这是原始农业向传统农业的过渡时期，在这个时期，黄河流域产生了农田沟洫体系，与此相联系的垄作、条播、中耕技术均获得了发展，选种、治虫、灌溉技术亦已萌芽，此外，还出现了人工养鱼和人工植树，并开始饲养水禽鸭、鹅等。这一阶段的农业虽然还保留着其所脱胎的原始农业的某些痕迹，但无论从工具、技术还是生产结构和布局来看，都有了很大进步和变化，精耕细作技术已在某些生产环节出现，这期间，成为中国农业的萌芽期。春秋中后期，华夏文明进入铁器时代，社会制度也从奴隶社会逐步过渡到封建社会，这时，铁农具的普及和牛耕的推广为精耕细作奠定了坚实的技术基础，形成了以抗旱保墒为中心的耕-耙-耱-压-锄相结合的旱地精耕技术，使该时期粮食作物、经济作物、园艺作物、林业、畜牧业、桑蚕、渔业等均获得了全方位发展。"到了分裂时期的魏晋南北朝，连年战乱使北方人口大量南迁，为南方带去了先进的耕作技术，特别是更适合于小块水田耕作的曲辕犁的发明，推动了南方水田'耕、耙、耖、耘、耥'的精耕细作技术体系的形成。"

明清以后，玉米、红薯等来自美洲的高产量农作物进入中国，带来了中国人口的第一次大爆炸，而农业人口的增加又进一步推动了中国农业向精细化发展。为了养活上亿的人口，中国的农民们不仅通过移民垦荒开拓更多可耕种的土地，还致力于提高单位面积产量，提倡多熟种植；不但在耕作栽培技术的精细化上下功夫，还创造了陆地、水面综合利用，饲料、有机肥、农作物循环利用的粮、菜、猪、鱼、鸡、鸭混合经济形态，并延续至今。直到今天，很多中国农村地区，依然在用祖祖辈辈流传下来的资源充分再利用方式进行农业生产活动，形成"农田种粮、菜—菜、粮喂养家畜—家畜粪便、菜喂鱼—家畜粪便肥田"这样自成体系的循环型生态农业系统。甚至养鱼这一种农活，中国农民都形成了"四大家鱼"混养一个池塘的生态体系，让青草鲢鳙4种不同习性的鱼类充分"共享"天然饵料和水体空间，既能起到净化鱼塘水质的目的，又提高了饲料和水体的利用率。

可以说，中国的传统农业把勤俭节约、智慧地利用资源等观念发展到了极致，追求对资源的充分利用，虽然这符合共享经济在资源利用方面的理念，但这种资源的挖掘利用仅是在小农经济范围内进行的。

4.2
‖
小农性格的局限

中华上千年的小农经济，是以家庭为单位，农业和家庭手工业相结合，一家一户、男耕女织的自给自足式经济。这种方式和封建土地所有制相结合，展现出强大的生命力，发育出强大的小农经济文明。这种文明有其美好的一面，晋代陶渊明在《桃花源记》中就给我们描述了一幅典型的小农经济画面："土地平旷，屋舍俨然，有良田美池桑竹之属。阡陌交通，鸡犬相闻。其中往来种作，男女衣着，悉如外人。黄发垂髫，并怡然自乐。"这种自给自足的自然经济，加上发达的手工业，在老子眼中是一种最理想的生产、生活方式，"邻国相望，鸡犬之声相闻，民至老死不相往来。"看起来，这种生活安定祥和且没有纷争。

但这仅仅是表象，从内在结构来看，这种原子化的小农经济是最容易被皇权压迫和榨取的经济运行方式。皇权和其所附庸的地方统治势力可以无节制地榨取小农户、小佃户的剩余价值，使他们成为维系王朝统治的抽血机，而大一统王朝的辉煌又反过来掩盖小农经济农民的贫苦。如以黄宗智[①]为代表的学者经过论证，认为在皇权统治下，中国小农经济陷入了长期发展停滞状态的"内卷化"。在《华北小农经济与社会变迁》中，黄宗智就介绍了20世纪初华北小农经济已经完全停滞于维持最低的生存标准，根本无法形成农业资本化，稍微遇到一点自然灾害就会出现大面积饥荒。即使这样，家庭式农场的结构依然非常牢固。

著名历史学家费正清[②]说："导致中国衰落的一个原因恰恰就是中国文明在近代以前已经取得的成就本身。"因为在这种自给自足的自然经济面前，上到统治阶级下到民众，都容易陶醉在自我满足之中，故步自封，不愿与外界交往，缺乏进取创新精神；同时，自给自足、吃穿用不愁，又抑制了商品流通和商业贸易的发展。当中国还沉浸在这种男耕女织、怡然自乐中时，欧洲已经开始了疯狂的殖民扩张和海上贸易，爆发了工业革命，社会经济得到迅速发展。当鸦片战争爆发，西方用坚船利炮敲开中国大门，中国人才发

---

① 黄宗智，著名历史社会学家，普林斯顿大学学士，华盛顿大学博士，加利福尼亚大学洛杉矶分校(UCLA)历史系教授，中国人民大学长江学者讲座教授；主要学术兴趣为明清以来社会史、经济史和法律史；主要著作有《法典、习俗与司法实践：清代与民国的比较》《清代的法律、社会与文化：民法的表达与实践》《中国研究的规范认识危机》《长江三角洲的小农家庭与乡村发展》《华北的小农经济与社会变迁》等。

② 费正清(John King Fairbank，1907—1991)，哈佛大学终身教授，著名历史学家，美国最负盛名的中国问题观察家，美国中国近现代史研究领域的泰斗，"头号中国通"，哈佛东亚研究中心创始人；生前历任美国远东协会副主席、亚洲协会主席、历史学会主席、东亚研究理事会主席等重要职务，还曾是美国政府雇员、社会活动家、政策顾问。

现，中国经济早已落后于西方很多了。从此以后，中国经历了"千
年未有之大变局"①，来自西方的资本主义和市场经济观念也强烈
地冲击着这片土地，但中华民族上千年积累的底层思维模式依然顽
固。中国人的思维方式、价值理念、道德风俗、行为习惯并不是一
夜之间就能改变的。

---

① 　出自李鸿章："窃惟欧洲诸国，百十年来，由印度而南洋，由南洋而中国，闯入
边界腹地，凡前史所未载，亘古所未通，无不款关而求互市。我皇上如天之度，概
与立约通商，以牢笼之，合地球东西南朔九万里之遥，胥聚于中国，此三千余年一
大变局也。"

4.3

贫苦农民和"有闲"大妈

美国传教士明恩溥①在《中国乡村生活》中以第三者视角描述了华北地区普遍存在的拾荒现象——穷人以群体形式拥有了对他人田地的部分所有权。作者在文中详细阐述了这种场景："在中国许多地方，棉花是最有价值的农作物……它可能是这个帝国唯一为每个男人、每个女人、每个小孩所必需的农产品。在以棉花为主要农作物的地区，只要拾棉花的季节一来临，女人和小孩就完全投身于这项劳累的农活，其他几乎所有事情都被排除在外。随着第一次霜寒的到来，最好的季节就已过去，尽管棉苞还将开较长的一段时

① 明恩溥 (1845—1932)，原名阿瑟·亨德森·史密斯 (Arthur Henderson Smith)，又作明恩普，美国人，基督教公理会来华传教士。他 1872 年来华，最初在天津，1877 年到鲁西北赈灾传教，在恩县庞庄建立其第一个教会，先后在此建立起小学、中学和医院，同时兼任上海《字林西报》通讯员。1905 年，他辞去宣教之职。在明恩溥等人推动之下，1908 年，美国正式宣布退还"庚子赔款"的半数，计 1160 余万美元给中国，以资助留美学生。

间。从某个时候开始(具体的日期很不确定),穷人将被特许可以去任何一个地方拾棉花,只要他能找到棉花。有些地区这个日子的确定是由县官亲自宣布的……在另一些地区,这种事情就像大多数其他事情那样归属于当地的协定,或者是单一的某个村庄,或是几个村庄联合起来。首次法定不区分田地拾棉花的日子是穷人们非常高兴的日子,叫作'松绑',因为再不会被处以罚金。在这段时期,你可以看到成群结队的人涌向棉花地,而且许多人还可能走出家门很远,如果那儿更容易拾到棉花。作者的一个朋友说,他妻子有十来天一直在外面拾棉花,就是因为那个地方的棉花比自家附近的棉花好,她这段时期睡觉是随便找个人家门口或马车房这样一些不被驱逐的地方凑合。"存在即是合理,作者也指出了这种现象出现的原因:"在中国这样一个穷人占大多数而且田地广袤的国家,无疑需要采取某种措施使未设防的财产得到有效的看护,但是穷人这个阶层又是不得不必须给予重视的,无论哪个地方制订防范窃贼以保护农作物的措施,都有必要附加这样一条规则,即田地拥有者不要将地里的农作物收获得太仔细。这样,按照协定和规章,地里将经常留下一些剩余的农作物,这对许多穷人来说,是非常重要的事情。"华北的普遍拾荒现象,一方面说明中国人有关财产权的认知是模糊的,"你的"和"我的"观念在很多时候极为淡薄,我的是我的,你的也是我的;另一方面也说明这种财产权的开放是由地方政府主导或村落自发组织的,作为解决分配不均衡、减少社会矛盾的一种措施,这一定程度上与现在通过"共享、普惠他人"来解决资源不均衡、贫富差距过大的理念不谋而合。

在充分利用自有资源的同时又能到沾到一些别人领地或者公共

领地里的油水，这种习惯已经作为小农传统深深地嵌入了中国人的文化记忆和基因之中。即便现在，经常会有媒体报道"中国大妈"到公园里挖野菜，中国游客到日本和挪威海边挖生蚝，甚至欧美还传出中国移民家庭因食用在公园里采摘的蘑菇而造成全家食物中毒的悲剧。这种既看重资源综合利用又权属界线不分的传统，其实是一种爱占便宜的体现。

中国大妈式的"传统共享"是没有产权意识的，这种行为不是建立在双赢基础上的，而是一种单向无偿获取的社会现象。而在大共享时代，我们将共享经济的价值体系植入其中，就使得这种"传统共享"建立在权利主体界线清晰、平等、自愿、互惠互利的交易基础上，也就成了真正的共享经济模式。

而建立在新技术基础上的大共享，不仅符合传统的资源利用思维，也为权利边界的清晰化和利益分享模型化创造了条件。长期处于小农经济环境中的中国农民也会非常顺畅地接受这种现代共享理念，使共享经济的实践如水银泻地般进入到中国农业领域。目前，土地、农庄(农家院)、农机、农业技术等领域均已出现了共享经济的影子，传统农业模式已经悄然变化，这给农业经济注入了发展的新动能。

"土地共享"让农业生产既能实现套作，又能进一步进行专业分工，培养新农人。比如根据《新华日报》2018年4月26日的报道，江苏省新沂市农村探索出农田分季承包的种植模式。草桥镇王帆村村民窦道强是瓜菜种植大户，但对于种粮，他是外行，每到种植瓜菜时，地又不够用。而种粮大户邓良彩也有类似苦恼。"两家农田分季承包，种粮时地给你，种菜时地给我，双方优势互补、互惠互利。"窦道强说,土地因为种了蔬菜变得肥沃,种粮时还可少施一次底肥,每亩节约成本70元;水稻收割后改种高档蔬菜,土地整体效益是原先种粮的5倍。

"共享农场"是把城市人和农场主连接起来,既满足了城市居民对高品质、个性化农产品和田园生活的追求,又使农业资源得到充分利用,扩大了农民、农业收入来源。欧美国家早就出现了共享农场,在这里任何人都可以随便进出,在里面干活之后就可以摘蔬菜、水果;农庄会把农活需求写在黑板上,游客可以选择自己想做的工作去做,这样农场既解决了劳动力短缺问题,游客也通过劳动式旅游体验到了快乐。现在中国不少农家乐也采取了这样的模式,打造"民宿+农地"休闲养生产业,把经营权租赁给"候鸟"人群、城市居民,吸引消费者前往该处休闲养生度假,在里面大家可以种植蔬菜或者水果,在体验农事田园生活的同时还能交朋友。

"共享农机"既可以提高机器的使用效率,有利于节能减排和环境保护,又能给农民带去真正的实惠。从2015年开始,每到农耕、收获等繁忙季节,中国很多农村出现的"共享农机"便成为一道独特的风景。从市场层面分析,农机的使用主要集中在农忙时期,一年仅有几个时间段,专门购买农机显然不划算,而"共享农机"的出现,既帮农民省钱省力,又提高了农事生产效率。有些省份的乡镇还专门建立了共享农机服务站,服务站既提供包括植保无人机、喷雾器、撒肥器在内的共享农机,又提供与农机相关的技术服务。有的合作社则更是走在了共享经济的前列,通过搭建农机服务平台,将种植大户的闲散农机(如插秧机等)整合后进行统一调配,供有需求的农户租赁使用。随着中国农机保有量越来越高,未来中国农机市场热点将由买卖农机转向高效使用农机，并同时带动经济规模超过万亿的农机作业服务市场的发展。"长期以来，供求信息不对称影响了农机作业服务市场的发展，而'共享农机'的出现，让那些具有农机操作技能的农友看到了市场方向，未来他们可以像滴滴司机一样，通过像滴滴打车一样的软件，有组织地长期从事这种专业服务，形成农机作业技术服务的共享。"

共享经济的特点是不依靠国家强制力，仅仅依靠市场经济规则下的利益诱导就可以改造中国农民的生产生活习惯和思维方式。中国农民对共享经济毫无阻力的拥抱预示着古老的民族会在大共享时代焕发新的生机。

参考文献

[1] 中国社会科学院历史研究所. 中国通史[M]. 北京：华夏出版社：中国，2017.

[2] 吕珊雁. 中华农业文明的脉络[J]. 农村农业农民，2015(8)：57-58.

[3] 于三全，师卫军. 明清时期玉米在我国的传播[J]. 信阳农林学院学报，2010，20(4)：106-108.

[4] 黄宗智. 华北的小农经济与社会变迁[M]. 法律出版社，2014.

[5] 陈国兴. 从朝贡制度到条约制度——费正清的中国世界秩序观[J]. 国际汉学，2016(1)：58-66.

[6] [美]明恩溥，中国乡村生活[M]. 陈午晴，唐军，译. 中华书

局：中国，2006：87.

[7] 郑焱. 徐州新沂探索共享技术服务，让农民省劲又挣钱[N]. 新华日报，2018-04-26(3).

[8] 范仲毅，张顺初. 金色麦浪里，共享农机来了[J]. 成才与就业，2018，No.538(6)：44-45.

[9] 任静."共享农机"来了！您的家乡有吗？[N]. 农业科技报，2019-4-1(3).

地球是圆的（下）

——西方私有产权理念的现代性升华

5.1

风能进，雨能进，国王不能进

"风能进，雨能进，国王不能进"这句话源自18世纪英国首相老威廉·皮特[①]1763年在国会的一次演讲——"论英国人个人居家安全的权利"。当时他是这样说的："即使是最穷的人，在他的小屋里也能够对抗国王的权威。屋子可能很破旧，屋顶可能摇摇欲坠；风可以吹进这所房子，雨可以淋进这所房子，但是国王不能踏进这所房子，他的千军万马也不敢跨过这间破房子的门槛。"后来这段话被浓缩为"风能进，雨能进，国王不能进"，这句话道出了西方社会的一个基本常识，那就是公权力和私权利有着明确的界限，公权力进入私人权利空间必须遵守"非请莫

[①] 威廉·皮特 (William Pitt, 1708—1778)，英国辉格党政治家，首相，7 年战争中英国的实际领导人。他的精力和战略眼光，使得他获得一系列的胜利，从而改变未来几个世纪的世界面貌。

入"的原则，同时也是"私有财产神圣不可侵犯，法律面前人人平等，国家政府权力也应受到监督和限制"的法治精神与宪政理念的体现。

"天赋人权"学说最初源于14至16世纪的文艺复兴运动。文艺复兴运动的核心思潮是人文主义理念的普及，人文主义者们在反神学的斗争中发现了"人"，并要求以"人"为中心，把人作为一切的出发点和归宿点，提出"我是人，人的一切特性，我无所不有"的口号，主张个性解放和平等自由，提倡发挥人的个性。人文主义的这种以个人为中心，以自由、平等为基点的人性论最终成了资产阶级人权理论最早的思想渊源，虽然在当时还只是停留在文学层面。真正将人权论上升到政治思想体系是在17至18世纪的欧洲启蒙运动。荷兰思想家斯宾诺莎[1]在《神学政治论》中明确地阐述了"天赋人权"这一理念，他认为天赋人权就是自然权利，国家就是人们通过缔结契约并转让自己一部分自然权利而产生的。在此过程中人们还保留了其他一部分自然权利，这些被保留的权利既不能转让，也不能被剥夺。启蒙运动中自然法学派[2]认为：人类原来处在

---

[1]　巴鲁赫·德·斯宾诺莎(Baruch de Spinoza, 1632—1677)，犹太人，近代西方哲学公认的三大理性主义者之一，与笛卡尔和莱布尼茨齐名。他的主要著作有《笛卡尔哲学原理》《神学政治论》《伦理学》《知性改进论》等。

[2]　自然法是指宇宙秩序本身中作为一切制定法之基础的关于正义的、基本的和终极的原则的集合。自然法学派是指以昭示着宇宙和谐秩序的自然法为正义的标准，坚持正义的绝对性，相信真正体现正义的是在人类制订的协议、国家制订的法律之外的、存在于人的内心中的自然法，而非由人们的协议产生的规则本身的法学学派。在西方，每次社会大变革时期，自然法学总是作为一面旗帜，主导着西方社会法律发展的大方向。例如，私有财产不可侵犯、法无明文不为罪、人身自由不可侵犯、人民主权、权力分立等思想，都发端于自然法学的理念。

一种自然状态，在自然状态中，任何人都不是天生的统治者，而是天生自由地统治自己，在自治方面，人人享有平等权利。既然人们都是平等的和独立的，那么任何人就不得侵害他人的生命、健康、自由或财产。启蒙思想家洛克、孟德斯鸠、卢梭则在接下来进一步发展了天赋人权学说。

5.2

‖

王在法下

　　早在文艺复兴运动之前，英国封建贵族和教会阶层为了维护自身的财产权利，就掀起了限制王权的"大宪章运动"。自1066年英国国王爱德华去世后，英格兰就被外来者诺曼人入侵统治，诺曼人在英格兰横征暴敛、肆意妄为的统治行为在约翰王①时期达到了顶峰。约翰通过杀害其侄子亚瑟而夺得王位的手法不得民心；与法国连年征战节节败退，为了战争不断侵占封建贵族的财产，征收役税；他还将手伸向教会，不仅侵占教会的财产，还把持教职的任命权。约翰的恶

_____

① 约翰王 (John I, 1166—1216)，名约翰·金雀花 (John Plantagenet)，金雀花王朝的第三位英格兰国王 (1199—1216 年在位)，号称 "无地王"(Lackland)，是亨利二世之子，理查一世之弟。他生于牛津，可以说是英国历史上最失败也最不得人心的国王之一。他曾受法国国王腓力二世唆使，试图在理查一世被囚禁在神圣罗马帝国期间夺取王位，但后来理查宽恕了他并指定他为继承人。他执政的那段时期是英格兰王国实力极度衰弱的一段时期，失去了英格兰国王在欧洲大陆 (大部分位于法国西部) 上的大部分属地和对爱尔兰、苏格兰的权力辐射，并在贵族的进逼下，签署了著名的《大宪章》，失去了作为国王的一部分权力，但也在客观上使得宪政制度在世界生根。

劣行径引发了英国上下的不满和反抗。1215年6月，封建贵族和教士乘机联合骑士和市民聚集伦敦，提出了一系列限制王权的要求，为了保住王位，国王约翰被迫妥协，不得不签署了贵族们拟定的《大宪章》，这就是英国著名的大宪章运动。《大宪章》全文共63条，主要内容是保障封建贵族和教会的特权及骑士、市民的某些利益，限制王权。最引人注目的是第39条和第61条。第39条规定(它衍生了人权概念)："除非经过由普通法官进行的法律审判，或是根据法律行事，否则任何自由的人不应被拘留或囚禁，被夺去财产，被放逐，或被杀害。"第61条规定："应成立一个由25名男爵组成的常设委员会，监督国王和大臣的行为，若委员会发现政府有违章行为，应当要求国王在40天内尽快改正，否则委员会可号召全国臣民使用一切手段，包括发动战争，夺取国王城堡财产，逼迫国王改过。"

《大宪章》体现的是贵族阶层和王权的博弈，但它在保护贵族权益的同时，也开辟了"王权有限，王在法下"和保护公民权利的精神理念，开创了人类历史的先河。当然，帝王们放弃权力绝不是情愿的，事实上维护《大宪章》的历程并非一帆风顺，中间也出现过不少反复以及强势国王、强势政权肆意违反和蔑视《大宪章》规定的行为。因此，英国人民为了捍卫《大宪章》所赋予自己的权利，前仆后继，进行了多次流血斗争，整整500年——他们以《大宪章》之名砍下了查理一世的头颅；他们在克伦威尔的领导下推翻了君主制，建立共和国；他们在王朝复辟后又发动了"光荣革命"，奠定了英国君主立宪制的基础。最终英国人成功征服了"绝对权力"，使《大宪章》蕴含的对产权、人权的保护、对国王权力限制的法治精神和宪政理念在英国生根发芽，发展壮大，为英国资本的原始积累和资本主义的飞速发展奠定了基础。

5.3

‖

产权和法治与经济发展

　　欧洲启蒙运动以来，经济学家们一直认为有益的产权制度必须要被保护，确保人们得到回报，方便人们签订合约以及解决纠纷。只有人们能够感受到这种安全，才会受到鼓励进行投资，扩大再生产，从而促进经济发展，提高社会财富的积累，推动社会进步。但要实现对产权的保护，必须做到以下两个方面：一方面要有有效的法律和规则保护财产权利免受私人侵犯；另一方面要建立起对政府权力的监督、约束机制，实行法治，限制强大的政府权力侵犯私人产权。道格拉斯·诺斯在《西方世界的兴起》开篇就点明了制度(组织)在促进经济增长中所起到的关键作用："有效率的经济组织是经济增长的关键，一个有效率的经济组织在西欧的发展正是西方兴起的原因所在，有效率的组织需要在制度上作出安排和确立所有权，以便造成一种刺激，将个人的经济努力变成私人收益率接近社会收益率的活动。"10至16世纪，欧洲各国发展基本差不多，都经历了发展的繁荣，都遭受了马尔萨斯抑制①的打击，而英国与荷兰之所以在17世纪超越了法国与西班牙，主要是因为随着商业贸易的发展，产生了包括对产权保护在内的一系列政治、法律制度的创新。

15世纪以来，欧洲人口急剧增加，增加的人口不断向山区和北欧地区迁移，这就是欧洲的边疆运动。边疆运动促进了商业、贸易的发展，使得庄园制和封建制度受到了冲击。正是在这样一个新旧势力此消彼长、社会百废待兴的时期，英国和荷兰抓住了机会，创造出一个更加有效的经济组织和制度，使得经济飞速发展，一者成为"日不落帝国"，一者成为"海上马车夫"。正如上文所述，英国自大宪章运动以来就一直致力于通过与王权的不断斗争建立对产权的保护：1642年颁布的垄断法禁止王室的垄断并且建立了包含鼓励创新的专利制度；1688年，英国爆发"光荣革命"，议会战胜了国王，建立了君主立宪制，王室的权力被极大地削弱，议会能够阻止国王向人民任意征税和随意出卖专卖权。"议会的最高权威以及植根于普通法之中的一套有效的财产所有权制度，把政治权力交到急于利用新经济机会的人们手中，并且提供了一个司法制度的基本框架以保护和鼓励经营生产活动。"因此，英国逐渐走向强大。

荷兰也是这样，摆脱西班牙王室的专制统治之后，就实施了鼓励个人发明创造的产权保护制度，从制度上激发和保护了经济、技术领域内的创新活动，使得荷兰在经济上取得了超出其小国规模之

---

① 马尔萨斯提出了两种抑制人口的机制：预防性抑制和积极抑制。所谓预防性抑制就是人们有意识地减少生育，降低出生率，积极抑制就是让已经出生的人口非正常死亡。而这两类抑制，又可以进行另一种归类：预防性抑制的主要方式是道德抑制，但乱伦、节育、同性恋泛滥等"罪恶"也是预防性抑制的机制。积极抑制则表现为"苦难"，比如战争、饥荒等。

上的重要地位。"把周期性的经济增长归因于新发明和新制度的积累性作用,这些新发明和新制度使更多的畜力、水力和风力得到利用,使投入组合更加有效。"拿荷兰的风车来说,在16、17世纪,风车的发明对荷兰经济发展意义重大,尤其是在荷兰围海造田工程中发挥了巨大的作用。有趣的是,处于同一历史时期的清朝有近三亿人口,当上亿的农民在土地上密集投入劳动力时,荷兰全国却在研究如何偷懒,他们在18世纪建造了上万台风车,这些风车用来碾谷物、粗盐、烟叶、榨油、压滚毛呢、毛毡、锯木、造纸,从而减少人力和畜力的投入。在那个时代,建造风车是一项需要巨大投入的工程,为了能迎着四面转换的风向,他们需要把风车巨大的顶篷安装在滚轮上,一架风车有好几层楼高,风翼长达十几米,所以每一座风车的顶层都像现在有些豪华酒店的360度可旋转餐厅一样。可想而知,如果没有稳定的产权保障,假如帝王可以随心所欲征税,荷兰民间是不可能对投资风车产生如此热情的。

就算不拿东方和西方做比对,即便同在欧洲的法国和西班牙,按照诺斯的研究,只要在王权与旧制度占据优势的地方,政府可根据需要随意收税,且没有发展出有效的所有权,私人产权得不到很好的保护,商业、工业团体的积极性就会被抑制,行会、垄断和对地方市场的保护会继续存在,发明创新就不被鼓励,商业资本主义的发展就会被阻碍,这正是法国和西班牙这两个"专制君主国家"盛极而衰的原因。

5.4

‖

被过度保护的产权

在科技进步和开拓新大陆的过程中，"王在法下"的可信产权保护制度给予了开拓者和创新者最有效的激励，是符合当时生产力发展要求的。但这种长期独占性的垄断导致了内生性的危机，比如英国王室授权一些公司开拓美洲大陆，并且遵守契约给予这些公司贸易垄断经营权，但当这种垄断经营权没有充分考虑殖民地人民利益的时候，矛盾就产生了。

我们说美国的独立运动很大程度上不是一个民族主义情绪主导的运动，而是一场反垄断的资本运动，就是因为我们认为这场运动事实上是一些得到英国王室授权的垄断性公司过度垄断造成的。17世纪中期，英国资产阶级革命胜利以后，国内商业资本占据了优势地位，对殖民地的掠夺变本加厉，除了暴力勒索外，还主要通过在

第五章 地球是圆的(下)

殖民地建立商业公司以"商业活动"的名义进行"剥削"。这种公司规模庞大，实力雄厚，且由政府授予特权，甚至可以拥有军队，代表国家，事实上其已经成为一种具有国家职能的特殊机构，其中最突出的就是英国的东印度公司。东印度公司从成立起就带有垄断性质，英国女王伊丽莎白一世①授予这家公司一份皇家特许状，允许其垄断英国和东印度地区之间的贸易，此后在英皇和印度统治者的庇护下，势力越来越大。1763年，英国取得对法国7年战争的胜利，东印度公司便成为英国对世界市场的单一最大占有者，并对政府施政加以影响，而英政府为转嫁战争军费带来的财政负担，疯狂掠夺殖民地的各种资源，尤其加强了对北美殖民地的控制与压榨。他们通过很多不合理的税法向当时的北美殖民地增加税负，殖民地公民承担着日益增长的法定税金和英国王室征收的进口税，却对行政和征税方式没有任何发言权，这使得英国和北美殖民地的矛盾日益激化。为了抵制英国政府扶植的东印度公司对北美茶叶市场的垄断，北美人民发动了"波士顿倾茶事件"。"波士顿倾茶事件"不但反映出公民日益增长的愤怒情绪，还预告了美国革命。次年爆发

---

① 伊丽莎白一世 (Elizabeth I, 1533—1603)，名叫伊丽莎白·都铎，是都铎王朝最后一位君主，英格兰与爱尔兰的女王 (1558 年 11 月 17 日至 1603 年 3 月 24 日在位)，也是名义上的法国女王。伊丽莎白即位之初成功地保持了英格兰的统一。经过近半个世纪的统治后，使英格兰成为欧洲最强大的国家之一。英格兰文化也在此期间达到了顶峰，涌现出了诸如莎士比亚、弗朗西斯·培根这样的著名人物。英国在北美的殖民地也在此期间开始确立。伊丽莎白一世统治时期，在英国历史上被称为"黄金时代"。她终身未嫁，因此被称为"童贞女王"，也被称为"荣光女王""英明女王"。

的美国独立战争不仅是一场反叛英国王室，更是一场摆脱英王特许的那些大公司控制的战争。独立战争的胜利，使美国摆脱了英国的殖民统治和东印度公司对贸易市场的垄断，确立了"无代表不纳税"①的利益包容型民主政治体制，从而解放了生产力，为美国经济的发展开辟了宽广的道路。

---

① "无代表不纳税"原先是一句口号，最早出现在 1763 年到 1776 年，集中体现了北美最初 13 个英属殖民地居民当时的最大不满情绪。简单地说，殖民地居民中不少人认为，由于北美人民在"天高皇帝远"的英国议会中，没有自己的直接代表，就等于剥夺了他们作为英国公民的权利，而这是不合法的。因此，那些对殖民地人民要求征税的法律（即可能直接影响大众生活的法律），以及针对殖民地的其他法律，全都是违背宪法的。

5.5
‖
"大而不倒"所引发的冲突

自从亚当·斯密①在其著作《国富论》②提出自由竞争的经济思想后,垄断就在古典经济学理论中被认为是有害的,因为垄断可以影响社会资源的配置效率,并阻碍社会进步与创新,损害消费者效用,造成社会福利的损失,其主要表现如下。

———————————

① 亚当·斯密 (Adam Smith, 1723—1790),出生在苏格兰法夫郡 (County Fife)的寇克卡迪 (Kirkcaldy),英国经济学家、哲学家、作家,经济学的主要创立者。亚当·斯密是现代资本主义经济制度的创立者,强调自由市场、自由贸易以及劳动分工,被誉为"经济学之父"。

② 《国富论》全称为《国民财富的性质和原因的研究》,是英国古典经济学家亚当·斯密用了近十年时间创作的经济学著作,首次出版于 1776 年。《国富论》认为,人的本性是利己的,追求个人利益是人民从事经济活动的唯一动力。同时,人又是理性的,作为理性的经济人,人们能在个人的经济活动中获得最大的个人利益。如果这种经济活动不会受到干预,那么,经由价格机制这只"看不见的手"的引导,人们不仅会实现个人利益的最大化,还会推进公共利益。《国富论》这部著作奠定了资本主义自由经济的理论基础,该书的出版标志着古典政治经济学理论体系的建立,堪称西方经济学界的"圣经"。

第一，"大公司使国家向他们付出了更多的税金和补贴，使不可或缺的公共服务蒙受了损失，大幅度削减和缩小了公共领域范围，而在民主制度下，普通公民则可以长期在那些领域中行使他们的权利。"另外，垄断行业借助其垄断地位，享有不应拥有的"福利"与收入，扩大了收入差距，破坏了社会整体公平。以美国最大的零售公司沃尔玛为例，沃尔玛公司出售的商品价格很低，但它却是盈利的，原因之一是它享有美国大众缴纳的税金补贴。"在数十年的扩展期里，沃尔玛从一个地区性的折扣连锁店发展成世界最大的零售公司，其间它从州政府和本地政府得到的补贴大大超过了10亿美元。"每年大约有3200万美元用来补贴沃尔玛因维持低价而损失的利润，这还仅仅是美国50个州中一个州所付出的成本。此外，沃尔玛没有为其雇员提供健康险，而是鼓励雇员求助于公共医疗保健计划，即用纳税人缴纳的公共资金为沃尔玛雇员支付保险金，从而降低它的经营成本，使沃尔玛获得了丰厚的利润，然而这项举措却增加了纳税人的负担。纳税人缴纳的税金正通过政府等公共机构渠道流入这家公司的私囊。

第二，当市场的力量承担起公共服务与公共管理等传统政府职能时(如军事、公共安全、医疗卫生、教育、环境保护等)，垄断大公司不但经常过度使用这些公共资源，而且还不可能为公众提供合理、优质的产品和服务，人们享受的福利不但不会增加，反而还会减少。"大公司的目的不是行善，而是赚钱，这不是秘密，也不是只有反对大公司的激进派才会作出这种不公平的曲解，这是法律的、历史的和理论的必然要求，一些拥护大公司的理论家们甚至认为这是政治和道德的必然要求。"也就是说，公司最终的目的就是要对股东负责，追求利润最大化。然而公司为了拿到承包合同，会承诺比正常公共服务运营成本要低的报价，之后为了降低运营成本，公司往往会压缩雇员的福利与薪酬或提供劣质的产品和服务，比如出售未经测试的药品，制造任何速度下都不安全的汽车等，而政府对垄断大公司的补贴并未减少，可以说，垄断公司接管公共管理部门后，赚到的钱更多了，但回报给社会和公民的却更少了。与此同时，政府会越来越多地依靠这些垄断大公司去完成本该属于政府职责范围内的事情，这就使得垄断型公司越来越有影响力，会越来越多地参与到政府决策中，通过对政府施加影响来控制民众本该享受的公共服务和社会福利，可以说，这种垄断公司与国家权力相融合的方式更容易滋生腐败。

左翼势力一再抗议大企业，《鸡窝里的狐狸》一书对垄断大公司侵占社会福利现象给出了挖苦性的描述："狐狸不是在保卫鸡窝，而是住进了鸡窝里，这样，狐狸越来越肥——直到鸡窝里只剩下为数不多的几只小鸡，当狐狸们又一次饿坏时，便互相打了起来。养鸡的农夫破产了，他只好去沃尔玛打工。没过多久，狐狸们便不得不去找新的地方、新农夫、新鸡窝——不管他们在世界什么地方。"

不仅市场和资源的垄断会带来社会矛盾，知识产权的过度保护也会引来一些道德质疑。虽然说，"过度保护"的标准很难界定，但现实中确实有一些大企业依靠资本力量，设置了庞大复杂的专利体系，以价格高昂的诉讼费用压制了中小公司、初创公司的创新举动。

出于对这种过度知识产权保护的反对，印度已经出现了一场被称为"Copyleft"的运动，这场运动的发起人认为在信息社会与知识经济时代，资源共享显得更加重要，要求打破传统版权制度(Copyright)下形成的"知识技术垄断"和"知识技术霸权"。一些支持自由软件的人士推广用户使用有复制、研究、修改和分发软件等权利的软件。"Copyleft"的核心思想就是软件、源代码的"共享与开放"，这与"Copyright"所秉承的"限制、专有"思想完全相反，它摒弃了少数创作人享有的对无形财产的绝对权利和经济利益，着眼于广大公众对知识信息获取的权利，打破了个别人、个别组织、个别国家对知识的垄断，反映出当今社会时代的潮流。

"Copyleft"自由、共享的主张容易让人误解为这是一种盗版的形式，但实际上，为了保障"Copyleft"的精神得以充分彰显，尤其是防止某些心存杂念的人将他人软件或多或少地修改乃至偷梁换柱后据为己有，自由软件基金独创了"Copyleft"许可模式——通用公共许可证(GPL)。GPL实际上是一个受法律保护的版权声明，这个声明中软件著作的人身权仍得到保护，但财产权(复制、发行等)却通过契约方式向受众公开，受众在受益的同时必须承诺：依据该软件演绎的其他计算机程序也必须按照同样的版权开放模式公布。软件所有人在开放自己版权的同时，也强调据此而来衍生软件的版权开放性，从而形成一个分布式的版权网络，由此达到知识共享的目的。可以说，"Copyleft"是以承认"Copyright"为前提的一项共享创新尝试。在传统版权制度中，用户在非经授权的情况下对软件进行复制、修改、发布的行为属于侵权行为，而在"Copyleft"下，用户依据GPL规则对软件做相同方法的使用则是合理合法的，这样"Copyleft"就形成了既承认版权和以版权法为前提,又在版权法的保护下与版权相对抗的奇特格局。

　　"Copyleft"作为一项基于开放共享理念的运动正在对传统知识产权体系发起挑战,虽然方式还存在着争议,但这种开源许可模式却成就了如Linux、Apache等一大批优秀软件作品,动摇了像微软这样的大公司的垄断地位,也激发了包括软件、硬件、网络安全与整个IT服务业的活力。

5.6
‖
资本主义体系的内卷化

美国人类学家克利福德•格尔茨①通过《农业内卷化》(*Agricultural Involution*)提出一种现象，即社会或文化模式在某一发展阶段，达到一种确定的形式后，便停滞不前或进步缓慢，无法转化为另一种高级模式，我们把这种现象称作"过密化"，中国漫长的传统小农经济社会就是农业内卷化的代表。

事实上，不仅农业会出现"内卷化"，资本同样也会出现"内卷化"。资本主义国家周期性的经济危机就是资本内卷化的表现。比如2008年美国爆发的次贷危机。20世纪90年代，在经济全球化和信息技术革命的推动下，美国经济在20世纪后期经历了长达60年

---

① 克利福德•格尔茨 (Clifford Geertz)，美国人类学家，解释人类学的提出者，曾先后担任斯坦福大学行为科学高等研究中心的研究员、加利福尼亚大学巴凯学院人类学系副教授、芝加哥大学新兴国家比较研究会人类学副教授、普林斯顿高等科学研究所社会科学教授。

的前所未有的高速增长,美国的资本市场更是空前繁荣。然而,随着2001年互联网泡沫的破灭,加上"9•11事件"的影响,为了防止经济衰退,寻求新的经济增长点,美联储采取了极为宽松的货币政策,实行低利率甚至是负利率政策,加上当时美国政府秉持"居者有其屋"的左翼政治愿望,鼓励房地产发展,促使美国房地产价格急剧增长,从金融机构到普通大众都对房地产市场充满信心,催生了美国次级抵押贷款市场的迅速发展。由于次级抵押贷款存在高风险、高收益的特征,银行为了转移风险,将次级抵押贷款打包成抵押贷款债券,出售给其他金融机构,而这些机构为了降低风险,又会将这些次贷债券打包出售给保险公司、对冲基金等机构。

美元在国际金融体系中处于中心地位,一方面各国对美元资产有着强烈需求,另一方面美国政府又利用美元的国际货币地位,鼓励公众透支消费,这就造成了美国对外贸易的巨额逆差,而庞大的债务赤字只能由贸易顺差国支持,顺差国家成为捆绑在美元战车上的人质,不得不一边持有美元、购买美国国债和其他美国金融资产,一边又大量出口商品来支撑美国高负债、高消费的经济发展方式。如此循环,全球市场上就出现了大量的美元,但是这些盈余美元回流美国时没有流向实体经济,而是投资到了美国房地产市场和金融衍生品市场,推高了房价,而这些国际热钱又因为美国房市的高涨,疯狂买入次贷债券和基金。

要保证所有参与次贷抵押贷款的投资人都能赚钱的一个必要条件便是房价的持续上涨,但是到了2004年,由于房产价格上涨愈演愈烈,加上伊拉克战争的爆发,导致美国军费开支骤增,美国出现了通胀势头,因此,美联储从2004年6月起连续17次提高联邦基金利率，到2006年6月提高到了5.25%，这样一来，就导致大批次贷的借款人不能按期偿还贷款，同时由于利率上升，导致住房需求下降，房价出现下降势头，这样那些买在高位的住房投资者就被套牢了，房子即便卖掉，也不足以还贷，于是出现了大规模违约现象，房贷不还了，发行抵押贷款的机构即便收回房屋，也不能及时变现，这就出现了大面积亏损，于是引发了一系列多米诺骨牌效应，次贷危机犹如滔天洪水一般冲击着各个子市场，后来又扩展到优贷、工商信贷等领域，引起了严重的流动性紧缩，终于爆发了"大萧条"以来最猛烈的金融海啸，淹没了整个华尔街。

在这场危机中，华尔街五大独立投行全军覆没，高盛、摩根士丹利变为银行控股公司，美林卖身给美国银行，雷曼兄弟公司破产，贝尔斯登则被摩根大通收购。五大投行的破产及转型宣告了始于20世纪30年代的华尔街投行神话的终结。

在人类历史上，资本主义在刺激财富增长方面超越了历史上的一切制度，在相当长的一段时间内，资本主义所创造的生产力对于资本家和大众来说是一种共赢，资本家增加了利润，大众改善了生活，因此，资本主义经济与西方的民主制度大体可以说得上是和谐共生，呈现出一种均势。

但是这种均势随着全球化的不断深入被打破了。随着经济全球化、市场一体化的深入发展，发达国家将劳动密集型的制造业转移到劳动力市场占比较优势的发展中国家，各生产价值链不再集中在发达国家本土一站式完成，而是部分转移到国外，以寻求每个国家最大化的比较优势，这样商品成本大幅降低，利润率提高，资本家成为最大获利者。而普通民众虽然获得了价格低廉的商品，却因产业转移丧失了很多工作机会；或受劳动力总需求下降的影响，工资涨幅变缓甚至下降，造成贫富差距越来越大。

贫富差距的扩大，势必引起民众的不满与愤怒，于是民众就对民主制度寄予厚望，希望通过民主制度让资本主义带来更多的财富，以实现平等。但是作为一种生产方式，资本主义虽能极大激发生产力，但它并不具有无限的经济扩张能力，它所激发的财富效应是有限的，同时资本家总是希望获得更多的利润，这就使得资本主义能够分给大众的利益是有限的。

虽然民众的绝对财富也在增长，但考虑到贫富悬殊等因素，民众从资本主义制度中获得的相对回报率越来越低，于是民主制度与资本主义的关系就趋于紧张，民主最终走向了"内卷化"，即：在西方国家民主制度下的边际收益递减，并不能实现民众追求平等的愿望，这样就必然引发下层民众的不满。

5.7
‖
不分享无幸福——从慈善到社会企业

    资本的非人格化和资本家的人格存在着内在冲突，西方的资本主义发展和基督教文明的博爱精神也存在着内在冲突。

    "每个英国人的家都是他的城堡"，"风能进，雨能进，国王不能进"的寒舍中可能充满着亲情和邻里的温馨，而当社会的富足让普通人的家都可以像城堡一样宽敞时，这个城堡也把人的精神状态封闭起来了。罗伯特·帕特南①在《独自打保龄》中描述了美国后资本主义社会的危机，他认为托克维尔所描述的新大陆初创时期那样的美国社区生活正在逐渐衰落，那种喜好结社、喜欢过有组织的公民生活、关注公共话题、热心公益事业的美国人不见了；今天的美国人，似乎不再愿意把闲暇时间用于与邻居一起喝咖啡聊天，一起走进

---

① 罗伯特·帕特南 (Robert D. Putnam，1941 年生)，美国当代最杰出的政治学家，曾担任美国政治学协会主席。哈佛大学马尔金公共政策讲席教授，美国国家科学院院士，2006 年荣获政治学界最高奖约翰·斯凯特奖，且为 2013 年总统颁布的国家人文勋章得主，曾出任肯尼迪政府管理学院院长。

俱乐部去集体行动，哪怕娱乐，也是一个人独自去打保龄球。

慈善是对人性缺失的弥补，如美国钢铁大王卡耐基所言："死于巨富是一种耻辱。"将慈善作为一种把财富向社会分享的方式是西方资本家绵绵不绝的传统。慈善传统一定程度上弥补了资本主义体系的内在矛盾，也更加符合人性，但慈善在很大程度上还是依赖资本家个人的情怀和修养，而共享经济则是以"资本"作为动力驱动人们解决依靠慈善解决不了的社会问题。

澳洲最大的乳品企业恒天然设立的基础是依靠上万名澳洲奶农组成一个奶品产销合作社。这些澳洲奶农和中国的农民相比，虽然有不同的文化背景和经济发展水平，但都懂得以共享来减少成本，创造更多的价值。近些年，恒天然也来到中国发展标准化农场，用这套方法来组织中国农民实现乳业产业化，并借此为中国普通人带来安全的牛奶；中国也有人去澳洲投资这种合作社式的牧场，几乎没有文化隔阂。不仅是中国和澳洲，创立于1946年的印度乳业公司阿牟尔(Amul)，最初也是为了对抗有专营权的乳业公司而成立的一家基于村庄共享销售渠道的奶农合作社，后来在杰出企业家Kurien博士的领导下，逐渐发展壮大为一家由几百万奶农共同协作的乳制品合作社，在这个过程中，他们与包括互联网技术在内的新兴技术相结合，成为印度最大的乳业公司。

无数实例都说明，共享经济在西方和在东方一样没有任何障碍。无论是西方还是东方，无论是精英还是草根，都可以把企业家精神和共享精神相结合从而发生奇妙的化学反应，产出丰硕的成果。

共享超越了东西方文化分歧，应和了人们关注底层、节俭进取的文化和同类善意的人性密码，这也许就是全球大共享的缩影。

参考文献

[1] [美]道格拉斯·诺思，罗伯特·托马斯. 西方世界的兴起[M]. 厉以平，等译. 北京：华夏出版社，2009.

[2] 荣之君，曹琪. 经济史理论的重新审视——试析《西方世界的兴起》一书的理论框架[J]. 中国城市经济，2011(2)：303-304.

[3] [美]希·卡思，伊丽莎白·明尼克. 鸡窝里的狐狸——私有化是怎样威胁民主的[M]. 肖聿译. 北京：中国社会科学出版社，2007.

[4] Barnaby J. Feder. Wal-Expansion Aided by Many Taxpayer Subsidies[N]. New York Times，2004-5-24(3).

[5] 韦伯. 新教伦理与资本主义精神[M]. 桂林：广西师范大学出版社，2010.

[6] 秦珂. 试论Copyleft理念下的信息资源共享[J]. 图书情报导刊，2005，15(16)：70-72.

[7] 徐雅平. 华尔街退回梦开始的地方[EB/OL]. http://www.china.com.cn/finance/txt/2008-10/08/content_16581898_2.htm，2008-10-08.

[8] 周佳. 次贷危机十周年：华尔街的伤痕[EB/OL]. https://www.yicai.com/news/5344211.html,2017-9-12.

[9] 刘广莉，邓曦泽. 资本主义、全球化与民主内卷化——以特朗普当选为中心[J]. 文史哲，2017(4).

第六章

无边界人力资源

——大共享时代的组织力突围

6.1

‖

大共享时代来了

2017年，印度经济型连锁酒店OYO以"无加盟费、低价"的方式杀入中国市场。在不到两年的时间里，OYO进驻了中国298座城市，运营数量超过了7400家。同时，OYO提出了一个颠覆业界的模式，用大数据和技术赋能的管理模式替代店长的作用，即：让一个专业的运营人员来管理多家酒店，用中心运营系统和模块化分工的城市团队替代原有的店长职能，从而突破人才培养的限制，为加盟酒店打造"即插即用"的配套服务。新的管理架构减轻了人均管理强度，拓宽了人才的管理半径。目前，一位区域商务经理平均可以管理5家酒店，未来这一数字将达到10家。用技术替代人力实现成本节约，最终达到为酒店业主减负增收的目的。

伴随着共享经济的发展以及信息技术的广泛使用，互联网已经融入人们生活中的各个场景，同时为企业的变革带来了新的契机。然而在共享经济的背景下，传统人力资源管理模式却日益暴露出弊端，这就提出了"人力资源管理如何转型"的命题。

6.2

‖

人力资源管理的现状

　　虽然目前人力资源部门在配合组织发展、调动资源、疏通流程、关注员工成长等方面发挥着越来越重要的作用，已成为大型组织中不可或缺的组成部分，但随着组织规模越来越庞大，为了处理更多的日常流程、基础事务，人力资源部的组成架构也越来越复杂，而组织对其满意度却呈现出下降趋势。

　　著名咨询大师拉姆·查兰[①]曾与全球很多管理者交谈过，管理者们大都认为当前的首席人力资源官(CHO)是以流程为导向的通才，他们虽然熟知福利、薪酬和劳动关系，专注参与、授权和管理文化等内部事务，却没能将人力资源与真正的商业需求结合起来，不了解关键决策如何制定，分析不出员工或整个组织为何没能达成既定的业绩目标。

---

① 拉姆·查兰 (Ram Charan)，美国人，是当代最具影响力的管理咨询大师，代表著作有《执行 》《领导梯队》《成功领导者的八项核心能力》等，代表性客户有通用电气 (GE)、杜邦公司、福特汽车、美洲银行、花旗集团、思科、3M、诺华制药、EMC、塔塔集团、苏格拉皇家银行、汤姆森集团等。

在这种情况下，查兰提出"应拆掉人力资源部"，并建议，"减少首席人力资源官职位，将人力资源部门一分为二：一部分可以称之为行政人力资源(HR-A)，主要管理薪酬和福利，向CFO汇报，这样，CFO便能将薪酬视为吸引人才的重要条件，而不是主要成本；另一部分称为领导力与组织人力资源(HR-LO)，主要关注提高员工的业务能力，直接向CEO汇报。"

这种"拆掉人力资源部"的观点引发了诸多争议，但他所提出的问题，却是人力资源管理部门必须要面对的。而这些问题在大共享经济时代就更加显现出其短板：这是由于在共享经济背景下，各类资源包括闲置物品和无形资源都可以进行交流，从而形成一个商品或者服务的供应链，对企业的人力资源而言，将传统的人力资源板块与共享模式相结合，一方面可以减轻企业资源运用方面的成本，另一方面也可以使得企业的闲置资源得以应用。然而，目前的人力资源管理模式显然不能达到这样的目的，甚至可以说，人力资源管理已经成为阻碍共享经济发展的绊脚石。

比如，传统意义上的人力资源管理的对象主要是与组织签订了用工合同的长期员工，然而，在大共享时代，为组织服务的不仅仅是员工，还有基于共享平台的大量兼职者，他们拥有着组织所需要的才能和专业技术，又无须拘泥于劳务关系的条条框框，然而面对这类人员的管理与赋能，传统人力资源管理模式就显得力不从心了。

所以，在共享经济的框架下，有必要对人力资源管理系统进行改革与重组，使得该项职能不仅能够突破企业的管理束缚，而且能够通过一系列手段实现对人才的合理调配，从而激发人力资源的最大价值，那么，这些创新方向和手段究竟是什么呢？

6.3

‖

人力资源管理的改革思路

结合目前共享经济的实践活动，我们认为，人力资源管理部门为适应大共享经济的到来，应当主动实现以下几点转变。

（1）人力资源管理的组织模式需要从"传统层级型"向"平台合作型"转变。在企业的组织结构从高度集权的金字塔组织向扁平化、动态化方向发展的趋势下，人力资源管理也应通过"去中心、去结构、去层级"，提升和重构组织内部运营模式、组织形态、业务流程、管理机制和工作方式，为组织成员提供低成本、零距离、无障碍的交流平台，从而优化组织运行生态。

事实上，当今企业中已经出现了在这方面值得研究的转型案例。

海尔集团董事局主席、CEO张瑞敏[①]在某论坛上就向大家分享

---

① 张瑞敏，海尔集团董事局主席、首席执行官，人单合一模式创立者，全球50大思想管理家之一，创建了全球白电第一品牌海尔，因其对管理模式的不断创新而受到国内外管理界的关注和赞誉。世界一流战略大师加里·哈默评价张瑞敏为互联网时代CEO的代表。

了传统企业实现转型的经验。他对广大听众说："传统企业的组织结构是金字塔型的，'为了跟上用户点击鼠标的速度''让听得见炮声的人决策'，海尔前几年开始将组织结构变为'倒金字塔型'，让管理层为平台上的小微企业提供服务。"张瑞敏说，为了让管理适应海尔平台化转型，在过去几年，公司坚决进行组织架构转型，其主线就是大刀阔斧地砍掉"中间层"。

"砍掉中间层"后，海尔的组织形态已经不再是当初的"倒金字塔型"的，而是像很多互联网公司一样，变得扁平。"因为单纯的倒三角还是管理人员去支持一线，中间层在其中过滤了很多信息，现在的需求，不是说一线有什么东西上报给管理层，管理层再去支持他，而是要变为一个整体，所以中间层就应该去掉。没有中间层，所有人都将在一线，共同满足用户的需求，组成一个'利益共同体'。"张瑞敏解释道，"取消掉中间层后，海尔的员工不再听命于上级，而是听命于市场，转变为整合社会资源的'创客'，这使得原来海尔单纯的管控组织，变成了一个生态圈。"

海尔原来是有边界的。砍掉中间层带给海尔的变化显而易见，现在的海尔已经不再是一家单纯的白色家电生产销售公司。张瑞敏说："海尔的转型就是从服务客户到服务用户。"从这个角度说，尽管海尔的主业并不是传统意义上的互联网业务，但已经是一家名副其实的互联网公司了。

张瑞敏将海尔变成了一家共享经济的实验室，他聘请IBM为公司定制IT系统，发起"市场链变革"，把采购、研发、生成等供应链上的职能部门和产品线"拆分"出来，形成众多小微公司，产品企划者可以"全流程"地把控每一款产品。之后，海尔又通过自主研发的工业互联网平台COSMOPlat，建立以用户为中心的智慧生活圈，成为一个能充分激发个人潜能的组织形态。

（2）在人力资源与共享经济相结合的过程中，企业要在人才管理方面打破固有思维，将员工从传统的人身依附关系中脱离出来，形成一种"人才使用权"的思维。这样企业才能看见人才本身的价值，在管理的过程中笼络人才，并通过灵活的用工体系，最终让企业保持活力。

正如彼得·德鲁克[①]指出的那样，"在当今知识社会中，管理者要做的不一定是管理别人，因为每一位知识工作者都是管理者。" 在大共享时代这样一个广阔舞台上，个人也必须成为自己的管理者，这是由于：传统的职业系统以岗位职责为导向，而共享经济时代衍生出诸多职业路径，这些职业可以独立于企业管理岗位，不需要固定时间、固定地点、集中办公；人才可以根据自己的时间、专长、技能、知识为组织提供服务；他们不需要"上司"管理工作，还可能有几千名"下属"接受他们的工作指导。

德鲁克还认为，"在一个知识型组织中，依赖于不同的知识和技术专业人员所组成的团队，工作才能有成效。各路英雄的合作，贵在自动自发，贵在能依循情势的逻辑和任务的需要，而非仅依赖正式的组织结构。"

在这方面，IBM在人力资源方面的实践就给了我们很好的启发。作为全球最大的信息技术和业务解决方案公司，IBM在全球所

---

① 彼得·德鲁克 (Peter F. Drucker，1909—2005)，现代管理学之父，其著作影响了数代追求创新以及最佳管理实践的学者和企业家们，各类商业管理课程也都深受彼得·德鲁克思想的影响。

有的服务中心都遵循相同的服务标准，并采用统一的开发流程、方法和工具。但这样的形态并非一蹴而就的，在其百年发展历程中，IBM经历了多次组织变革：从"电子商务"到"电子商务随需应变"，再到"智慧地球"，其轨迹中的每个新理念，都开启了IBM的战略转型。

经济环境的变动对组织战略有着非常大的影响，组织结构的变化必须与市场环境的不稳定性和高度竞争性相适应，这就促使IBM调整传统"科层式"与"金字塔式"的组织结构，采用更加灵活、有机的组织结构。在这种背景下，网络型组织结构应运而生。

网络型组织结构通过虚化部门界限，促进了知识信息的自由流通，促进了知识的传播与共享。如IBM的产品开发团队由来自不同部门的员工组成，每当一个项目完成时，该团队就自行解散，再根据下一个项目的特点，安排不同的成员组成新的团队。IBM通过运用网络型组织"权力集中化程度低、整合化程度高、组织规范化程度低"的方式推动知识的共享与发展，增强各个环节的弹性，实施扁平化管理，鼓励员工以客户需求为中心，通过工作小组或项目团队组合的方式打破部门之间的界限，最终促进信息向水平方向传播。

通过全球整合企业(GIE)模式，IBM使得全球的服务执行中心被整合到网络型组织结构之中，除实现了60%的员工和57.87%的收入来自美国以外，还实现了效益的最大化，而经过全球整合的平台也让研发更加便利高效，最终使得IBM在全球化竞争中立于不败之地。

由此可见，企业通过树立"人才使用权"思维，将平台的优势发挥到最大，即：不求人才为我所有，但求人才为我所用。这种思维方式的转变与共享经济背景下组织边界弱化的需求紧密联结，通过灵活的用工体制保证平台的新鲜血液，以及人力资源的整合和互补，大幅增强企业的竞争力。

（3）人力资源管理需要重视跨界思维与共享经济的结合。在大共享时代，组织与个人不能仅仅关注自身工作和专业领域的状况，还要形成跨界思维。企业的人力资源管理部门要将各方面的资源进行整合，提高企业竞争力，在共享思维影响下，企业需要鼓励更多的员工发现个人潜力和拓展范围，为企业提供更加广阔的思路。

不同个体与组织相结合所能发挥出的潜能和创造力是无限的。过去，一个人需要通过单一的组织来实现才能，但在共享经济平台技术、制度越发公开完善，壁垒被打破的框架下，人才可以通过不同的组织实现自我。

当今社会上，很多人除了本职工作外，凭借兴趣专长，可以从事不同的职业，这种人被称为"斜杠青年"。斜杠青年来源于《纽约时报》专栏作家麦瑞克·阿尔伯撰写的书籍《双重职业》，指的是一群不再满足"专一职业"生活方式，而选择拥有多重职业和身份并享受多元生活的人群。

据《三湘都市报》的一篇报道所言：一项权威调查结果显示，中国18至25岁的人群中，有82.6%的人想成为"斜杠青年"。可喜的是，随着滴滴、优步、Airbnb等互联网平台的兴起，已有数百万人实现了第二职业，成了"斜杠青年"。有了共享经济提供的良好沃土，未来的"斜杠青年"会越来越多，他们可以被多家企业所雇佣，甚至可能在一家大公司做技术的同时，也为若干家小公司做产品、运营、行政、人力资源管理等。

别人朝九晚五，上班打卡、下班玩耍的时候，"斜杠"们还有余力实现自己的价值，按自己的兴趣去施展才华。在这种新人类的价值观中，有几个与众不同的特点：一是更高水平的物质观，二是更大视野的国际观，三是更加自我的人生观，四是更为包容的生活观。

在大共享时代，职业发展将越来越多元化，因此人力资源管理也必须积极转变思维，以适应斜杠化人才越来越多的新局面。

6.4

‖

大共享时代的天九践行

　　天九为适应战略扩张和业务的高速发展，也开展了共享经济新模式的探索。在业务扩展方面，公司紧紧抓住共享经济的核心"资源整合"，将几十万企业家的优势通过天九共享平台分享出来，形成了一个共享经济的生态圈；在人力资源管理方面，公司在组织管理、业务划分和企业文化建设方面，作出一系列尝试。

　　在组织管理方面，2018年底，天九通过"IBM人才战略"项目，搭建对外有竞争、对内有公平的员工晋升、评价及激励机制，充分调动员工积极性、提升员工幸福指数，营造出积极向上的组织氛围。一方面通过组织转型，确保人力体系职能"三支柱"——业务伙伴、共享服务中心、专家中心——落地，从而保障部门间的高效协同，打造出一支敏捷、专业的组织队伍，大幅提升了天九的组织力。另一方面，在人力体系转型过程中着重在创新方面发力，如将招聘工作独立开来，成立了招聘中心，通过科学专业的招聘制度，为用人部门输送优质人才，成为人才供给的坚强后盾。

其组织管理包括以下内容：业务伙伴(HRBP)紧贴员工绩效，时刻跟进考核进度；共享服务中心(SSC)采用窗口式服务，员工需要办理各种内部业务，通过企业微信或办事窗口，即可马上找到办事人员，完成办理；专家中心(COE)负责制度、政策、流程的制定，关注流程优化及制度完善。

在业务划分方面，天九人力资源支持系统不断进步，通过将职能部门的人力资源进行共享，实现了跨部门、跨公司、跨事业部无边界协同工作。例如，集团某事业部的财务报销流程，按指引全部归档到某子公司财务进行审批，从而做到了工作归纳清晰，标准划一，不会出现众说纷纭的情况。

人力部门通过升级后的招聘系统，可以整合全国的人才资源，聚合招聘渠道，统一管理招聘流程，提升各节点转化率，促进协同，全方位进行数据统计。通过使用招聘系统，北京总部招聘中心部署的招聘计划可以在全国各地的子公司快速落地，利用招聘系统发布各大渠道信息、生成测评、完成背调、发出录用通知，大大降低了一线招聘人员的事务性操作。根据目前的调查反馈，各地招聘经理纷纷表示，改革之后，他们可以抽出身来更好地投入到面试之中，增加了与应聘者的交流时间，使其更好地了解岗位内容以及企业的福利政策，入职率得到了良好提升。

此外，天九集团还首创"四六工作制"，员工每周只需上4天班，工作6个小时。实践证明，虽然工作时间短了，但业绩不降反升，由此证明人的内在驱动是最大的提效法宝。未来，天九还将逐步实现"候鸟式工作"，员工通过移动设备沟通工作，每周只需去公司一次即可，其他时间自由支配，在确保完成工作任务的基础上，不再受空间与时间的限制。

在企业文化建设方面，集团着重培养一专多能的斜杠型人才。例如羽毛球社社长陈璐就是这样一位。她从小就爱好羽毛球，这些年拿过大大小小不少奖项，虽然没有向竞技体育方向发展，而是最终成了一名专业的HR，但她仍将其作为一项体育爱好，日常还在进行羽毛球训练。当公司出现羽毛球社团时，她积极响应，参与进来，还主动申请成为社长；虽然日常的工作非常忙碌，但她还是兴致勃勃地组织每一次活动。

最后，让我们来看看，在共享模式下天九人力资源实践的典型案例。王艳是天九大家庭中斜杠型人才的代表。她曾经是天九项目方的一位资深人力资源总监，目前是一位独立的项目实施顾问。与此同时，她还是一位已婚女性，上有老，下有小，既要照顾事业，又需要平衡家庭，这使得她非常不适应之前的工作岗位，但是，自从成为"斜杠青年"的一员，这样的情况就改变了。

例如，最近她参与了某家企业的并购，帮助企业整合公司的人力资源架构及薪酬体系。作为外部人员，她可以从第三方的角度，中立客观地提出自己的意见，并在整个并购过程中，得到了A、B两家公司同时满意并接受建议的良好结局。用王艳的话说，"不像内部员工因怕得罪业务领导就不敢说实话，我会直接提出企业管理问题以及改进意见，不需要当老好人。客户还会觉得你很有专业经验，不会觉得你是故意针对哪些人，因为你的工作完全是对事不对人。"

由此可以看出，斜杠型人才的出现，既使得员工从过去繁重的工作中解脱出来，还能在组织中扮演属于自己的角色，可以说，人力资源改革解决了之前解决不了的问题。

大共享时代已经来临，在新的产业变革、科技变革下势必涌现出新模式、新业态，驱使组织形态不断革新以适应市场环境的需求。当组织边界变得模糊，人力资源变得松散时，人们变得更向往自由用工，更期待自我价值的实现。组织必须通过更具智慧的管理，借助科学的信息系统手段、扁平化的组织架构、强调幸福感的组织文化，赋能员工，成就员工，实现"1+1>2"的人才组合优化，在市场竞争中立于不败之地。

参考文献

[1] 佚名. OYO酒店干掉店长，颠覆还是减负？[EB/OL]. http://www.itripdaily.com/news_detail.jsp?classid=22&id=4972，2019-8-13.

[2] 刘富. 搭建适宜员工发展通道[J]. 中国石油企业，2014(5)

[3] 张瑞敏的互联网试验[J]. 领导决策信息，2016(40)：11-11.

[4] [美]彼得·德鲁克. 卓有成效的管理者[M]. 许是祥译. 北京：机械工业出版社，2005.

[5] Charan R. It's time to split HR[J]. Harvard Business Review，2013，92：33-34.

[6] 刘津津. IBM：构筑智慧平台[J]. 中国经济和信息化，2014(z3)：78-79.

[7] 林永青. IBM的"智慧地球"[J]. 金融博览，2016(1)：44-45.

[8] 谢俊贵，吕玉文. 斜杠青年多重职业现象的社会学探析[J]. 青年探索，2019，220(2)：39-50.

[9] 劳动报. 全国35.9%"灵活用工"岗位在上海！时间弹性、月入或过万！利于女性、退休人员就业！专业技术人才受青睐[EB/OL]. https：//mp.weixin.qq.com/s/kR2cvMQMMUWPkX4XnjE0IA，2009-4-8.

[10] [美]罗恩·阿什肯纳斯，[美]戴维·尤里奇，[美]托德·吉克，等. 无边界组织[M]. 姜文波，刘丽君，康至军，译. 北京：机械工业出版社：中国，2016：3.

第七章

区块链成就大共享

7.1
‖
从复式簿记到区块链

现代会计学以1494年意大利数学家卢卡·帕乔利[1]的著作《算术、几何、比及比例概要》问世为标志。卢卡·帕乔利也因此被称为"现代会计之父"。虽然有考证说在帕乔利之前，复式簿记其实已经在意大利北部地区使用了将近300年的时间，帕乔利只是把这些经济活动中的方法加以总结，最终形成系统性的复式簿记理论，但以马克斯·韦伯[2]为代表的学者，却高度评价了复式簿记诞生所蕴含的意义，他认为没有复式簿记法，就无法处理复杂的交易活动，也就无法产生委托代理这样的经理人制度，甚至认为复式簿记的运用是现代理性资本主义发展的基本前提和先决条件。韦伯在

---

① 卢卡·帕乔利 (Luca Pacioli，1445—1517)，近代会计之父。他所著的《数学大全》中有一部分篇章是介绍复式簿记的。
② 马克斯·韦伯 (Max Weber，1864—1920)，德国著名社会学家、政治学家、经济学家、哲学家，是现代一位最具生命力和影响力的思想家。

《中世纪商业合伙史》《新教伦理与资本主义精神》等经典著作中详细阐释了复式簿记在资本主义企业、资本主义社会秩序和"资本主义精神"三个方面建构所起到的重要作用。

仅仅作为一项技术革新，复式簿记就提升了资本主义的发展速度，由此也可以看出，一项技术的发明与应用，可以推动人类进步。

自由主义思想家哈耶克①在《货币的非国家化》中提出政府是制造通货膨胀的罪魁，因而可以通过创造一种去中心化的货币，打破政府对铸币权的垄断。哈耶克并未在有生之年看到他的这项构想得以落地，这其中既有政治因素，也有技术因素，然而，2008年一位自称中本聪②的人在发表了一篇名为《比特币：一种点对点电子现金系统》(*Bitcoin：A Peer-to-Peer Electronic Cash System*)的研究报告之后，互联网世界出现了一种虚拟货币：比特币，而这种货币所使用的就是一种去中心化的技术——区块链技术。可以说，通过对区块链技术的大规模应用，哈耶克书中提到的"自由货币"可以最终成为现实。

---

① 弗里德里希·奥古斯特·冯·哈耶克 (又译为海耶克，Friedrich August von Hayek，1899—1992) 是奥地利出生的英国知名经济学家、政治哲学家，1974 年诺贝尔经济学奖得主，被誉为 20 世纪最具影响力的经济学家及社会思想家之一。
② 中本聪 (Satoshi Nakamoto)，自称日裔美国人，此人是比特币协议及其相关软件 Bitcoin-Qt 的创造者，但真实身份未知。

7.2

‖

区块链是什么

作为比特币的分布式账本平台，区块链技术已经稳定运行了十余年，为海量交易数据提供支持，目前为止还没有出现一个严重的漏洞。

在中本聪撰写的比特币白皮书中，虽然没有详细地提出区块链的概念，但通过对比特币的讨论，区块链被作者描述为一种记账方式。

在这种以区块链技术作为主导的记账方式中，数据信息被储存在区块链系统中的单独块中，通过加密签名验证方式将"单独块"形成首尾相接的链条形式。区块链系统没有中心，每一个单独块节点都具有系统、完整的信息，并且所有信息都具有可追溯性，其日常运行与维护都是依靠系统中的每一个块节点，每一个块节点的义务与权利都相同；区块链系统还是一个开放的去信任化系统，其所有数据信息全部公开透明，数据信息记录和读取都在严格的机器语言规则下进行；区块链系统中的数据信息不可篡改，区块链技术下的数据分享采用的是节点同步式，只要节点数据存储完毕，整个区块链系统内节点都可以查询到新数据，保证数据实时共享。根据区块链系统设计理念，要对系统中的数据信息进行修改，必须掌握系统内 51% 以上的节点。而对于单独参与块节点而言，是永远不可能掌握区块链系统内 50% 的数据信息的。图7-1展示了区块链系统的结构示意。

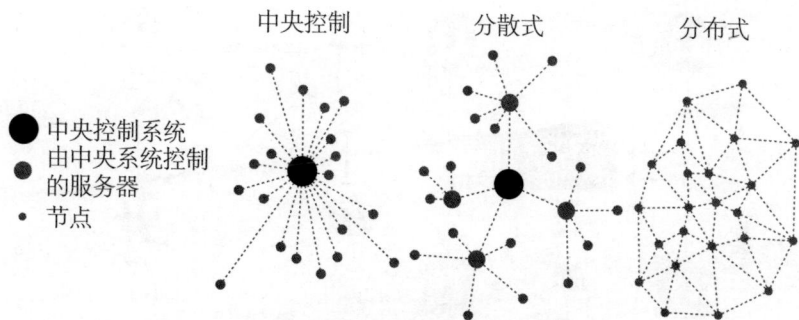

图7-1　区块链系统的结构示意

作为一种区别于互联网的重大技术创新，区块链有其独特的表现特征，主要体现在以下几个方面。

1. 去中心化

区块链数据的验证、记账(见图7-2)、存储、维护和传输等过程基于分布式系统结构，采用纯数学方法而非中心结构来建立分布式节点间的信任关系，从而形成去中心化的可信任的分布式系统，交易双方可以自证并直接交易，不需要依赖第三方机构的信任背书。

2. 不可篡改

数据一旦写入区块链，则不可改动，从而避免了中心化节点任意修改记录的可能。

3. 分布式共享

交易流水写入区块链之后，会通过点对网络同步到所有节点，实现数据的分布式存储。

4. 智能合约

交易的规则和流程从一开始就制定好，在程序上保证合约执行，提高效率。

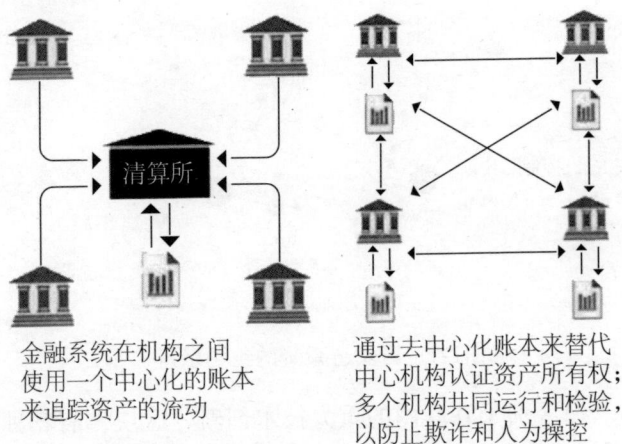

金融系统在机构之间
使用一个中心化的账本
来追踪资产的流动

通过去中心化账本来替代
中心机构认证资产所有权；
多个机构共同运行和检验，
以防止欺诈和人为操控

图7-2　区块链去中心化系统示意

从这些特性来看，区块链的应用并非限于记账。作为一种去中心化的系统，它可以渗入到互联网的各个角落：通过广播机制，它可以让互不信任的节点同步备份数据；通过与智能合约相绑定，区块链可以实现更为灵活的合约功能，从而执行更为复杂的操作；区块链技术所拥有的不可篡改、公开、透明等特点，可以为交易者提供一套可靠的技术架构，使得交易双方可以进行直接交易，大大减少商务合作的费用，降低交易的复杂程度。

7.3

‖

当"区块链"遇上"共享经济"

区块链技术的不断成熟，将带动互联网由信息互联网向价值互联网转变，而共享经济正是基于价值互联网之上的新经济模式。因此，如果将区块链技术更好地利用在共享经济领域，可以进一步催化经济发展模式变革，从而带来全球的颠覆性商业革命。

这些年，共享经济一路走来，虽然硕果累累，但是也暴露出一些问题，主要体现在以下几个方面。

（1）信息泄露风险增大，安全监管有待加强。近年来，中国建立了网贷信用服务企业联盟，意在通过联盟内部数据共享，保障信用数据的准确性，但是随着共享数据系统规模不断扩大，过于集中的数据极易发生被盗或丢失现象，客户信息数据越来越多地被其他人掌握，而作为信息的拥有者，客户却不知道自己的信息数据被搜集后会流向哪里、用于何处；另外，共享经济时代的各种零碎社会资源通过各种组合和分配被高效利用，数据信息和商品使用权同时被多人享有。如共享单车必须要使用者通过软件扫码或填写个人信息才能解锁使用，而由于监管缺失，共享经济数据无法保证个人信息安全，客户隐私泄露风险随之剧增。

（2）基础数据不够完善，大数据技术有待完善。共享经济发展的关键在于征信数据搜集与分析的准确性，但由于传统共享模式的基础数据大多被市场寡头垄断，企业对数据的实时调度与掌控能力有限，这使得小型企业即便拥有新颖的商业模式，也难以实现。因此，信用数据的缺乏与不足已经成为阻碍共享经济发展的重要因素。除了以上原因，由于各行业间的数据共享机制与流通机制不明确，且没有统一标准，导致搜集到的数据无法直接使用，需要进一步加工或者翻译，增加了运营成本。而目前，大数据技术作为共享经济运营与发展的底层技术，其技术成熟度与安全性越来越不能支撑共享经济这片广阔的蓝海。

（3）简单依赖大数据技术，与传统产业融合有待加强。依靠大数据技术搜集与分析数据，使得共享经济模式对资源的利用更加高效，但成功的共享经济发展模式并不是简单依靠大数据技术分析市场需求，而是通过分析出的数据建立起一套商业模型，再与传统行业相融合。不过现实却是，具有数据优势的企业往往不愿意分享已掌握的数据，因为拥有更多的数据就意味着更多的获利机会。再者，由于数据中可能包含有关个人或者企业的隐私问题，出于安全考虑，企业往往不便公开。比如当前的共享单车困境，很大原因就是因为数据不能有效共享，导致车辆毁坏、违规停放、私人侵占、交通事故等负面新闻不断。

而如果将区块链技术与共享经济相融合，将有助于这类问题的解决，从而推动共享经济的发展，这主要基于以下几点。

第一，区块链技术有助于完善信用体系。区块链技术是一种分布式数据库技术，数据分散在区块链内部的各节点，因而数据不易被盗取。区块链技术下，数据的上传与查询方式采用P2P[①]模式，交易双方可以通过区块链系统查找对方的信用记录，区块链每个节点都可以设置数据查询权限，如果要对该节点数据进行查询，必须拥有密钥与地址，从而保证数据安全。区块链系统在知道节点的密钥后，可以随意浏览信息，这又使得信息便于查找。区块链技术还可以保证所有信用数据都是公开透明的，无造假可能，可以作为信用背书。因此，区块链可以消除传统信用征集弊端，提升信用信息的可信度，从而有效解决经济交易过程中的信用问题，提升社会经济管理效率。

第二，区块链技术有助于打破信息孤岛，提高资源利用效率。传统大数据共享形式对硬件配置要求较高，而区块链技术下的数据分享采用节点同步式，只要节点数据存储完毕，整个区块链系统内的节点就都可以查询到新的数据，加上区块链技术的存储方式、保密特性以及较低的使用成本，数据汇总与更新速度将越来越快，最终保证数据实时共享。

第三，区块链技术有助于实现产业融合，完善产业生态系统。在共享经济时代，区块链技术的智能合约可以保证双方交易正常进行，不会因为一方的反悔而取消。以区块链技术作为支撑的共享经

---

① P2P 是 peer-to-peer 的缩写，peer 在英语里有"（地位、能力等）同等者""同事"和"伙伴"等意义，这样一来，P2P 也就可以理解为"伙伴对伙伴"的意思，或称为对等联网。P2P 直接将人们联系起来，让人们通过互联网直接交互，使得网络上的沟通变得容易、更直接共享和交互，真正地消除中间商。

济模式具有去中心化的特征，可以摆脱传统商业模式中客户对市场寡头的依赖，依靠公共平台就可以完成交易。同时，使用区块链技术的比特币等电子货币可以实现不同国家、不同行业之间的无缝兑换，为解决国际间法律、汇率等诸多难题提出了全新的解决方案，从而实现世界范围内产业的健康、透明发展。

近年来，共享经济呈现出爆发式增长的态势，各种应用花样繁多，但总结起来，这种经济模式主要涉及三个方面：一是服务商提供服务，这些服务包括销售、租赁；二是消费者寻求可以满足自身需求的产品和服务；三是在线平台充当中介方，匹配供求关系，提供搜索、交流、交易、支付等相关服务。

将这三方面的资源加以整合，最重要的是建立信任。近年来，学界也从"信任"这一基本要素入手展开了内容丰富的研究，目的就是最终解决共享经济的信任问题。区块链技术与共享经济的融合，可能就是这个问题的答案。

De Filippi[1]认为区块链可以"在不需要第三方的情况下促进价值交换"，区块链技术的去信任化特征使区块链被认为是以平台为导向的共享经济替代方案。

还有的学者基于经济思想史中价值观念的演变，从价值观的视角出发，将价值体系与资本主义和工业经济的建立相联系，并进一步探讨其与信息经济和共享经济的相关性，由此阐释区块链在支持社会共享的新价值体系方面所蕴含的巨大潜力。他们通过对建立在

---

[1] Primavera De Filippi 是位于巴黎的国家科学研究中心的全职研究员，哈佛大学 Berkman Klein 互联网与社会中心的教职员工，其工作重心是区块链和版权法，著有《区块链与法律》。

区块链上的反馈模型进行分析，指出区块链的协作流程可以为分散的价值创造、公平分配及分布式治理提供经济模型，并有利于创建面向公众的共享经济生态系统。此外，也不乏研究者将区块链与共享经济相契合，使共享经济由社会领域向影响国家经济的重要领域(如金融、货币、能源、医疗等行业)创新发展。

7.4
‖
区块链技术对共享经济的商业价值

下面，我们重点分析区块链和共享经济相结合所能形成的新兴商业模式。

（1）打造去中间商佣金的商业模式。区块链采用去中心化的网络拓扑结构，具有天然的去中间商属性，能够实现点对点的交易和数据流通，避免了中间机构对于整个商业体系的控制。传统商业结构中，中间商的作用即连通不同用户，利用核心地位建立多边的信任机制，而区块链的出现能够建立一个基于"技术信任"的商业体系，能够最大地弱化中间商在整个商业体系中的作用，从而实现降低或避免中间商佣金的商业模式。

（2）打造提升商品价值的商业模式。区块链是一个不可篡改的、可追溯的分布式账本技术，区块链与物联网、5G技术的融合能够实现产品全生命周期的精准采集和实时追溯，通过可信身份认证机制能够实现产品的每一步处理过程可追溯到人，这就使得造假的难度越来越高，从而有助于提升产品竞争力和价值，尤其在奢侈品、农产品、药品、古董等造假高企的领域具有重要意义。

（3）打造提升平台数据和隐私安全的商业模式。传统的互联网平台模式催生出一批"数据寡头"企业，从早期的Facebook到现在的BAT[①]巨头企业，无一不将用户的数据"裸奔"在自家的服务器机房中，用户在这些巨头面前毫无隐私可言。中心化的数据存储机制也滋生了数据的泄露、篡改和滥用等严重问题。而区块链系统则可以通过加密技术用数学算法来保护用户的隐私，建成一个透明、无主的系统，在这个体系中，人们可以进行无须信任的、点对点的信息传输，从而保证了信息的安全。因此，即便在交易过程中客户披露了个人信息，由于没有中间商的参与，也不会担心有信息泄露的风险。比如在当前共享出行的普遍运营模式中，押金、信用信息都是交给平台方负责管理，这就留下了信息泄露的隐患，但如果通过区块链技术对用户信息身份进行加密，只有得到数据拥有者的授权才能进行访问，那么就不会存在信息泄露、押金被挪用等问题。

（4）打造基于信任的新共享经济商业模式。共享经济的交易双方都是陌生人，这就导致了在交易过程中，双方的身份可能是不真实的，缺乏信用保证，而区块链的出现解决了信用问题。这是由于区块链采用点对点的网络拓扑结构，能够自动配置传输数据所对

---

① BAT 是中国互联网公司百度公司 (Baidu)、阿里巴巴集团 (Alibaba)、腾讯公司 (Tencent) 三大互联网公司首字母的缩写，这三家公司已经成为中国最大的互联网公司。中国互联网发展了 20 年，形成了三足鼎立的格局，这三家巨头各自形成自己的体系和战略规划，分别掌握着中国的信息型数据、交易型数据、关系型数据，然后利用与大众的通道不断兼并后起的创新企业。

接的资源，避免了中心化系统资源配置的短板，这样就可以让交易双方在没有任何中介形式的情况下进行安全交易，无须缴纳押金就可以享受服务；再次，由于区块链中的信息和运作完全透明，可以减少虚假交易的产生，交易者也可通过验证信息的真实性增强对方的信任，有利于降低信用风险。

7.5

‖

区块链改变经济生态系统

　　作为底层技术，区块链将对整个经济运行格局产生影响。在交易成本和企业摩擦减少的情况下，传统企业将有机会寻求新的转型方式；而区块链所推动的资本流动和价值交换也有机会改变市场的运营模式，预计区块链将在以下几方面产生影响。

　　（1）长期以来企业面对摩擦都会选择对自己有利的业务结构和运营方式，但随着区块链技术的引入，中小企业有望摆脱对信息寡头的依赖，这样企业形态就会发生变化，从而提高自主运营能力，建立新的业务网络。

　　（2）不同的企业可以在商业合作中加深信任。在使用区块链的交易模式下，每一笔交易都将被永久记录，同时，网络中的智能合约、认证和数字合规系统能够将个体交易层面的新人整合起来。在此基础上建立的信誉系统不需要第三方作为中介进行管理，能够极大提高交易效率。

（3）区块链可以塑造新的市场关系。如使用区块链的共识机制对闲置物品的产权进行确权可以帮助更多闲置资源参与到数字商务体系之中，从而带来更多的机会。与此同时，区块链技术特有的去中心化、防篡改等特性的大规模应用将改变市场生态。

在我们看来，区块链技术应用如同"复式簿记"，是构建新市场关系和经济形态的基础架构。它的推广将促进世界变得更"平"，区块链技术对于大共享时代的意义就像指南针对于大航海时代的意义一样重要。

参考文献：

[1] 陈勇. 复式簿记法的出现与理性资本主义兴起[J]. 历史教学问题，2008(4)：53-55.

[2] [德]马克斯·韦伯. 中世纪商业合伙史[M]. 陶永新译. 上海：东方出版中心，2010.

[3] [德]马克斯·韦伯. 新教伦理与资本主义精神[M]. 于晓，陈维纲，等译. 北京：生活·读书·新知三联书店，1987.

[4] 张天源. 中性货币与自由货币——哈耶克货币理论评述[J]. 青海金融，2002(10)：12-14.

[5] 唐婷. 中本聪魅影[J]. 新经济，2014(3)：36-37.

[6] 产品壹佰.入门区块链01｜带你彻底搞清楚区块链究竟是什么？[EB/OL].http://qy.nongcun5.com/news/20180509/32561.html,2018-5-9.

[7] Vivek Ravisankar.Blockchain And The Decentralization Of CS

Education[EB/OL].https：//www.forbes.com/sites/vivekravisankar/
2015/11/01/blockchain-the-decentralization-of-cs-education/#481b3d654
4be,2015-11-1.

[8] 林龙. 区块链可以改变什么[J]. 中国战略新兴产业，
2017(02)：12-13.

[9] 付锋莉. 基于"大数据+区块链"技术的共享经济模式构建
研究[J]. 科技经济市场，2018(05)：69-70.

[10] Pazaitis A, De Filippi P, Kostakis V. Blockchain and Value
Systems in the Sharing Economy：The Illustrative Case of Backfeed[J].
Social Science Electronic Publishing, 2017，125.

第八章

新游戏，新规则

——从"大富翁"到大共享

8.1
‖
从大富翁游戏到大共享时代的价值切换

有交易就会形成市场，但有市场的存在并不等于有了市场经济，因为市场经济是一个非常现代的概念。1991年，世界经济合作与发展组织在《转换到市场经济》的研究报告中提出了成功的市场经济的三种主要模式：以美国为代表的自由主义市场经济模式；以德国和北欧一些国家为代表的社会市场经济模式；以法国、日本为代表的行政管理导向型市场经济模式。而很多国家和地区虽然也存在着较大的交易市场，但是否属于市场经济体，是否拥有市场经济地位(market economy status)还存在着争议。一般来说，市场经济不仅包括市场行为，还包括一整套的游戏规则乃至价值观与之相配合，并且要让市场在这套游戏规则和价值观下运转。

这就像已经风靡了快一个世纪的大富翁游戏(Monopoly)。这个游戏描述了传统资本主义的游戏规则：游戏参与者买地皮、盖房子，从银行抵押获得现金，再买地皮、盖房子，谁花完手里的筹码而没有足够的现金流就会破产，最后一位没有破产的玩家成为游戏的赢家。这个游戏是基于排他性的产权逻辑而设计的。而这个游戏的发明人伊丽莎白·玛姬[①]，最初设计了两个版本，一个是后来风靡世界的垄断版本，另一个是共享繁荣版本。在共享繁荣版本中，土地并不只是属于玩家个体，而是由所有玩家共享，在这个游戏中，只要有一名玩家通过购买土地赚到了钱，那么所有玩家都可以分享到红利。当场中资金最少的玩家也已经赚到初始资产的两倍时，所有人就一起赢得了这场游戏。因此，这个版本被视为一种"合作"模式。她之所以设计两个版本，目的就是为了让人们认识到垄断的危害，但在游戏市场上最终却只有那个垄断版本大获成功。这并不奇怪，电玩中不乏表达人性阴暗面的暴力和杀戮游戏大受欢迎，这是由于人们愿意在虚拟的世界中将内心深处的阴暗面展现出来，但这并不代表在真实的人类生活中，我们期望这样的秩序成为社会主导逻辑。

　　共享这种基于古老人性的善意行为，发展到目前的规模性共享经济再到大共享时代，同样也需要一个系统性的游戏规则和价值观与之配合，就像大家一起来玩伊丽莎白·玛姬所设计的共享繁荣的版本一样。我们认为在大共享时代，必须包括并不局限于以下几点共识。

---

① 　伊丽莎白·玛姬 (Elizabeth Magie)1866 年出生在伊利诺伊州一位报业出版商家里。她很早就接触到了亨利·乔治的思想，并且联想到自己的所见所闻，她完全同意乔治所说的：虽然美国的经济非常发达，工业生产领先世界，但是贫富差距却越拉越大，这都是土地私有制惹的祸……为了验证乔治的理论，玛姬决定设计一款游戏。在这款游戏上，以规则的形状分成不同的地块，并在上面设置一些公共设施和铁路。后来，鉴于马里兰州当时的高犯罪率，她又加上了一个监狱，作为惩罚手段。这就是大富翁游戏的雏形。

8.2

‖

从为我所有到为我所用

旧时代以物质占有为目的的吝啬鬼形象从葛朗台到严监生都被大家作为反面教材，他们所秉持的价值观以占有才能得到安全和满足感为前提。这种不重视个人实际享受的占有欲一定程度上是马克斯·韦伯所说的"新教伦理和资本主义精神"的体现，并非没有合理性。

300年前爆发的工业革命，让人类走入了繁荣时代，但也重构了社会价值体系：一方面固化了资本、财产的私有制，哪怕财产闲置不用，也不让别人使用；一方面强化了人们对物质的占有欲，为了拥有更多的物质，人们花在办公室和网购的时间越来越多，社交上的时间却越来越少，使得人际交流倒退。然而渐渐地，人们发现收入的增长和物质的丰富并没有带来更强烈的幸福感，而对重建交流和参与的渴望却达到了空前水平。共享经济秉承的理念——使用权和所有权分离，多次使用但不占有，不使用即浪费——改变了人们"不敢分享，不愿分享"的态度。从不愿分享到参与共享，这样的改变是如何发生的呢？

在有些人眼里，物理意义上的"家"是不能被共享的。Airbnb和中国的小猪短租一类共享平台的出现，让人们改变了看法：我们可以通过共享房屋，获得额外收入，并得到满足感。

把自己的"房屋"共享出来，带来的是分享双方的共赢。以Airbnb供需双方为例：一位旧金山的房主每月会把自己闲置的住房出租若干个晚上，获得可观的额外收入。而旅客的花销明显低于其入住舒适度相同旅馆的费用。对于社交爱好者而言，租住他人房屋的同时还能结识新朋友，这本身就是一种乐趣。"拥有的范围总是有限的，而使用的半径可以更长。"不光美国的房主接受了这个逻辑，中国的房主同样发现这是一个不错的主意。

政治学家罗伯特·雷恩在他的著作《市场经济中民主国家丢失的幸福》(*The Loss of Happiness in Market Democracies*)中写道："我们现在的物质主义者，其实是对新欲望的噬血，而不是对已经拥有的享受。"我们拼命地努力工作，不断享受更多的物质，却发现欲望永远无法填满，因为总有更好、更大、更快的新东西出来。已经拥有的和想要拥有的之间的距离，总是随着我们拥有的增加而不断扩大。正是由于"过多拥有"所带来的烦恼，一些人开始丢掉包袱，聪明地放弃一些所有权，选择一种通过共享交易建立联系沟通，积极地参与并体验别人的生活方式。比如自己不需要购买豪车，却可以通过共享平台体验不同的豪车，还可以避免因为"拥有"而带来的诸多管理上的麻烦：不需要缴纳车险、保管车辆、维修车辆。接受共享观念的人不需要购买房产，可以通过共享平台挑选自己心仪的住所，体验不同的装修风格和生活方式，甚至还能结交新朋友。共享是建立在交流基础上有强烈人文关怀的消费模式，这种消费后面隐藏着生动的人物形象和故事，通过共享，我们可以享受到更多不一样的风景。在未来，一件物品属于谁并不重要，重要的是每个人都可以使用它。只要付出一小部分的成本，就可以享受整个世界。

从企业的角度来讲，以所有权为核心的商业模式相对单一，因为可调动的资源有限，以使用权为核心的商业模式则选择更多，可供组合的资源多样，收放自如。在过去，占有核心资源能够提高竞争壁垒，但是互联网的出现和普及使得企业连接并获取外部资源的成本不断降低，效率更高的同时导致社会资源聚合取代了资源占有，在今天释放出空前强大的活力，所以我们看到一些共享经济型企业（如Uber、Airbnb等）并不占有资源，而是通过调动资源，用轻资产模式放大了财富效应，轻松突破规模壁垒，赢得了更大的舞台。

不仅是资产，包括设计、研发、营销、服务在内的各个环节都可以通过共享实现社会化，如果研发设计活动可以共享，就能连接和释放大众的智慧，其力量一定会超越任何一家公司的研发团队的力量；如果营销服务活动可以共享，就能连接四面八方的组织或个人进行传播与互助，其作用远比任何一家公司的营销服务网络强大，这样的案例在共享经济模式中已经屡见不鲜。维基百科调动全世界的知识爱好者，使百科全书的编纂不再成为学科专家的专利；猪八戒聚合了图形设计、程序开发、营销创意等方面的技能提供

者，使企业的营销、文案、设计等工作更为开放，更具创新性。在
大共享时代，对于企业来说，资源的占有将逐渐让位于资源聚合：
重要的不是占有资源，而是通过有效地连接其他组织与个体，高效
地调动资源为我所用。

8.3

‖

尊重协议，拥抱监督

普华永道2015年在一份有关共享经济的调研报告中指出，建立对业务和他人的信任是发展新型"共享经济"最实质性的障碍，"没有信任就没有共享经济"。无论是共享一部车、一套房，还是共享一项知识产权，达成相互信任都是最艰难的挑战。西方的骑士精神和中国的侠义精神中，都有为素不相识人两肋插刀的传统，但这不能避免一些摩擦，如分享一张沙发时讲不讲卫生，分享一辆车时会不会在车里抽烟等。

在历史上，分享行为需要依靠双方的自律来实现，信息时代来临时，区块链这样的技术可以帮助人们培养自律等公民素养。

当前，共享经济的实现有赖于市场打造的第三方平台，通过这些平台来连接供需双方，从而实现资源优化配置。交易双方往往相互陌生，因而也决定了共享经济赖以生存的土壤是"信任"。但问题是，虽然平台通过使用各类机制、规则、信息、数据保障供需双方的信用度，但随着信任关系链的递延，供应方、平台方和需求方需要共同努力才能打造和维系这份"信任"。

1.信息联盟的规则

因此，共享经济模式的信任联盟需要基于以下规则：

(1) 要树立对他人"所有权"的尊重和承认，即需求方应自觉维护所使用的"资源"不受损坏，平台方应制定规则保障供给方的合法权益；

(2) 要有契约精神，即供需方、平台方要建立自由、平等、互利的交易规则，诚实守信，尊重协议；

(3)自觉接受监督，即供需双方要接受平台监督，平台企业也要接受政府和大众的监督。

2.共享经济的安全与社会问题

随着互联网大潮汹涌而来，"共享模式"风起云涌，"共享经济"已深入人心，但共享经济相关法律法规的滞后和信用体系的缺失，却使共享经济在发展中出现了一系列安全与社会问题。

(1) 消费者失信行为屡见不鲜。共享经济的本质是陌生人间的交易，交易实现的基石是彼此的信任。这种互信又依赖于提供信任保障和兑现承诺的平台会制定一系列的规则，用来核实供方和需方的真实身份、专业资格及背景资料，提供交易信息、支付工具和点评记录，最终促成交易。虽然目前平台也在通过各种方式全力提升供需双方的信任度，但始终都无法保证交易完全值得信赖。比如：共享单车就大量存在着乱停放、据为己有、车辆被损坏、丢弃等问题，房屋租赁平台上的房间被共享者损坏等问题也时有发生。

(2) 平台的隐私问题。共享经济依赖于大数据运作，加入平台的用户的信息被大量陌生主体所掌握，存在着隐私泄露，且被非法分子图谋不轨的隐患，数据被侵犯的风险极大。

(3) 安全问题。共享出行领域的专车司机与出租车公司司机、短租领域的房东与传统酒店业相比，入门门槛低，无须获取政府颁发的各类许可证，只要在线注册，由平台审核通过后就可运营，这带来了极大的安全隐患。近年来，共享领域的安全问题频发："滴滴打车空姐遇害案""Uber司机被杀案""Airbnb女游客被房东强奸案"等。虽然各平台也在尽力加强安保措施，但始终无法百分百保证用户的安全。

不过，上述问题需要客观看待。比如安全问题，社会上只要存在危险人群，即使没有共享经济，也会找到犯罪途径。但除了任何良好的社会治理所需要具备的法律法规和监管机制、健全的信用体系、行业自律机制，和公民的道德水平等基本要素之外，技术也可以成为提供机制保障的有效手段。作为新一轮科技革命的代表，区块链技术有可能成为解决共享行业诸多痛点的有效途径。高盛2017年发布的《区块链：从理论到实践》报告指出了七大区块链的应用场景，其中，"区块链+共享经济"被放在首位。区块链技术自身具备的分布式数据存储、去中心化点对点网络、不可篡改、可追溯、可信任等特性和共享经济在本质上具有天然的亲和性，区块链技术如果被广泛应用于共享产业，有望迎来真正的共享经济。

3.区块链的应用

(1) 区块链通过分布式的节点支撑起真正的点对点沟通，做到去中介化和智能合约。真正的共享经济就是共享平台上用户之间的直接对接，而现在大多数"共享经济"还需要平台作为中介方，以聚合资源；用户通过平台实现使用权的连接，平台所有者除了收取交易手续费，还控制着服务网络，有些是公司投放设备，比如自行车共享经济，其本质就是租赁经济的一种变异。除此之外，中心化平台交易的各环节也并未做到真正透明化，在消费过程中会产生隐形成本升高等问题。也就是说，目前大多数中介方提供的服务还不是真正的共享经济。

(2) 应用区块链技术，则意味着无须经过任何第三方平台就可以实现真正的共享经济，它能够使得某种财产无须经过第三方确认，就可以实时获取权利记录，还能够实现达到某项条件时就自动执行某种操作。比如，将区块链技术应用在短租公寓领域，租客一旦付款，门就会自动打开；如果租赁结束，门就会自动落锁，这样就无须经过Uber、Airbnb，即可实现点对点的汽车共享、房屋空间共享。这样的话，不管是乘客、房屋租赁者，还是司机、房主，都能够节省交易成本，从而获益。其他领域的共享同样如此，通过区块链技术的应用，可以让闲置的资源，比如存储、算力、带宽、电力等通通实现共享，为所有共享服务提供者提供经济回报，给共享服务接受者提供性价比更高的共享服务，从而打造出一个真正的共享经济生态网络。

(3) 区块链中信息和数据具有公开透明、无法篡改等特点，可以为共享经济提供信用保障。在共享经济时代，用户的信息将被越来越多的机构、平台所掌握，而用户却不知道自己的信息数据被平台搜集之后会以何种方式存储或者被用到哪里，因而存在较大的隐私数据泄露隐患。而区块链技术则可以为每个用户开辟一个独立的云存储空间，并通过私钥和分布式存储技术确保原始数据的所有权不被侵犯，任何人包括平台在内都不能在非授权的情况下提取、使用、处理用户的个人数据，如若使用，则必须得到用户的授权，因为私钥只掌握在用户手中。也就是说，数据一旦上链，除了用户本人有权解密外，任何个人或组织均无法取得这些隐私数据，这样就可以使用户数据的安全性受到保障。

(4) 区块链技术是改善供需双方诚信行为的最佳途径。正如上文所提到的，在当前的共享经济模式下，不良的用户消费行为比比皆是，并正在阻碍整个共享产业的发展。这主要是由于，目前用户对自己的不良消费行为所付出的成本较低，受到的惩罚仅仅是被平台罚款或禁用，甚至一些服务平台采取睁一只眼闭一只眼的态度。还有的共享服务，用户即便被其中一个平台所禁用，只需转向另一个竞争平台就可以继续使用同类共享服务。区块链技术则可以实现在一个去中心化的数据库中保存每个用户信誉记录的功能，每家共享服务提供商(无论大小)均可以访问该数据库，从而了解用户的信誉信息，保障共享服务不被破坏。且区块链技术的特性之一是"记忆"的永久性，各公司无须担心数据会被破坏。因此，通过区块链技术的大规模使用，可以建立一个流通于整个行业的信誉数据库，从而实现信誉度共享。这样一来，如果某个用户在某个平台上因为"制造问题"被该平台禁用之后，就无法再使用其他平台来逃避自己的不良行为所造成的影响。那么长此以往，用户就只能通过改善自己的消费行为来保证自己的信誉度，而得以长期使用共享服务。

区块链的应用使得共享经济的应用场景本质上变成了P2P平台，而区块链的特点就是保证每个节点的独立性，而且节点之间的交互是可以单独进行的，不需要第三方充当信息的传达者，这契合了共享经济的本质。因此，借助区块链技术可以有效解决共享经济中基于中心化平台的信任问题、用户隐私数据泄露问题、安全问题等发展瓶颈，从而形成用户平等参与的共享生态格局。而区块链成为公民习以为常的商业场景，也将把尊重协议、拥抱监督的价值观变成像过马路要看红绿灯一样的公民素养。

8.4
‖
超级平台的修养——做温柔的巨人

正如北京大学张维迎所说的，传统商业时代的领袖是经济增长的"国王"。国王自然是主宰者，有居高临下的威仪。只是很多国王在占据王位之后就表现出王的霸道，正如大富翁游戏里的"winner takes all"（"赢者通吃"），被视为是天经地义的。

互联网时代长尾理论[①]的应用，一定程度上强化了平台对原子化个体的强势地位。而大数据技术的运用又能更加有效地进行供需匹配，当前在位者的竞争力将越来越多地得益于大数据产生的规模效应与网络效应，并凭借不断增强的大数据优势获得垄断地位，从而在竞争中轻易地控制市场，而这种产业壁垒仅靠资金的投入难以

———————

① 长尾理论：网络时代兴起的一种新理论，由于成本和效率的因素，当商品储存、流通、展示的场地和渠道足够宽广，商品生产成本急剧下降以至于个人都可以进行生产，并且商品的销售成本急剧降低时，几乎任何以前看似需求极低的产品，只要有人卖，就会有人买。这些需求和销量不高的产品所占据的共同市场份额，可以和主流产品的市场份额相当，甚至更大。

短时间克服，因为这毕竟是建立在效率提升基础之上的。

而那些追求绝对垄断的资本，违背了共享经济的初衷。比如最近发生的共享单车无序竞争现象：过度的资本非但没有实现对社会闲置资源的高效率利用，反而造成了公共资源的极大浪费，成为了"伪共享经济"的代表。那些共享单车企业，为获取更多的经济利益，打着共享的旗号，极速扩张，通过"融资—造车—投放—再融资—再造车—再投放"的方式扩大自己的领地，形成恶性循环，导致产能不断增加乃至过剩，虽然抢占了地盘但却没有创造更好的用户体验。

一味追求"赢者通吃""一家独大""整齐划一"，非但无法保持自身的持续竞争力，还会带来整个产业生态的恶化。在大共享时代，平台需要做"温柔的巨人"，要"利万物而不争""居善地，心善渊，与善人，言善信，正善治，事善能，动善时"。大共享时代的平台巨人一定是一个能够以其包容性、公正性、自律性站稳脚跟，从而培育出良性生态系统的温柔巨人。

8.5

‖

拥抱碎片化，适应无边界组织

传统的企业家追求成为"国王"，做主宰领地的领主，希望自己的拥有感是完整的。然而，瑞典学者英瓦尔·卡尔松[①]却从法学、经济学、政治学融合的角度认为所有权并非完全不可分割，而是一个包含众多不同且极易区分的职能的集合体，如占有权职能、使用权职能、经营权职能、收益权职能、处置权职能等，每一项职能都是能够施加权力的一个因素。如用O表示所有权，a_1，a_2，a_3，$\cdots$，a_n等表示不同的所有权职能，则$O= a_1+a_2+a_3+$，$\cdots$，$+a_n$。卡尔松强调了所有权职能归属的分离性，过分关注形式上的所有权，就会以为所有权只能由某个真正占有生产资料的单一主体享有。相反，如果把所有权看作许多不同内容的职能的集合体，就会看到这些职能可以由多个主体，甚至是并不直接拥有生产资料的主

[①] 英瓦尔·卡尔松 (Ingvar Carlsson)，瑞典经济学家，政治家。他是瑞典前首相和瑞典社会民主党主席。

体共同掌握。换言之，所有权职能可以在不同的主体间分配，这是在经济领域内实现权力平衡的关键。卡尔松将这概括为"职能社会主义"，他认为通过将所有权碎片化，不经过革命就可以带来一个更加理想的社会。

上述职能社会主义理论给我们带来的启示为：通过资源所有权的分割可以实现资源的共享，不一定通过拥有资源才能使用资源，还可以通过向商业合作伙伴租用、购买或获得使用许可权等方式获取使用资源的权限。

在这个以移动互联网"连接"为特质的共享经济时代，共享实现了"资源的祛魅"。劳动、知识、技术、管理、资本等各项资源活力竞相迸发，使得外部资源的获取更加容易、高效，资源的所有权变得不重要，资源壁垒也随之降低，行业边界变得越来越模糊，企业与用户的边界也越来越模糊，用户不再是被动的消费者，而是开始主动参与到企业价值创造中。处在这样一个时代，人们将会越来越意识到：仅仅靠占有资源来培养、巩固核心竞争力已经不够了，人们还要善于连接外部资源，在新的商业语境下乘风破浪，企业不是一定要用自己的资源做事情，而是要提升格局，通过整合全国、全世界的优质资源做事情，这就需要企业融入"生态"。生态即"开放边界、共生成长"，它不追求"为我所有"，而是"为我所用"，不追求"零和博弈、你输我赢"，而是成为"共生成长、利益共同体"。如海尔的"人单合一"模式，就是顺应互联网"零距离"和"去中心化""去中介化"的时代特征，让订单、人、制造过程和整个需求之间达到"共生"状态；再如塑化行业的大易有塑，这家公司依托行业龙头环球塑化网的58万客户资源，从信息平台延展到交易平台，再延展到金融、仓储、物流等配套服务，形成一个以塑化产业链为核心的"大宗商品"产业平台生态圈。

虽然还有很多企业家不适应这种不完整的拥有感，感觉手中的资源能够被控制的部分变得越来越少。但凯文·凯利[①]恰恰推崇这种状态，并将其描述为"蜂群的分布式管理"，蜂后不是蜂群的灵魂，更不是统治者，但这种分布式管理更有利于不确定性极强的复杂环境。优秀企业家的长处不再是控制，而是链接，链接资源、链接消费者、链接智慧，在接受碎片化的同时拥抱一个更广阔的世界。在大共享时代，企业接受碎片化资源以获取整体的力量，需要集合更多人的智慧，有人称其为"受启发的个人结成的网络"，马克思把这称作"自由人的联合体"。

[①] 凯文·凯利 (Kevin Kelly)，《连线》(Wired) 杂志创始主编，在创办《连线》之前，是《全球概览》杂志 (The Whole Earth Catalog，乔布斯最喜欢的杂志) 的编辑和出版人。1984 年，他发起了第一届黑客大会 (Hackers Conference)。他的文章还出现在《纽约时报》《经济学人》《时代》《科学》等重量级媒体和杂志上，被看作"网络文化"(Cyberculture) 的发言人和观察者，也有人称之为"游侠"(maverick)。

8.6
‖
大共享与多中心治理

2009年诺贝尔经济学奖获得者埃莉诺·奥斯特罗姆[①]提出："哪怕公共物品的提供者也并非一定是独占性的治理者，多中心治理的体制可以带来更好的效率。"

多中心治理以自主治理为基础，允许多个权力中心或服务中心并存，通过相互合作给予公民更多的选择权和更好的服务，减少了"搭便车"行为，避免"公地的悲剧"和"集体行动的困境"，扩展了治理的公共性，从而实现公民利益最大化和满足公民多样化的需求。

共享经济发展中出现的问题涉及的主体具有多元化、广泛性等

[①] 埃莉诺·奥斯特罗姆 (Elinor Ostrom, 1933—2012)，出生于美国。她供职于美国印第安纳大学，是美国著名政治学家、政治经济学家、行政学家和政策分析学家，美国公共选择学派的创始人之一。2009 年 10 月 12 日，奥斯特罗姆成为历史上第一个获得诺贝尔经济学奖的女性。

特点，是一个复杂的社会性问题，仅凭政府自上而下的监管难以解决。而上述"多中心治理"理论为我们提供了破解共享经济治理困局的新思路，即：调动政府、平台企业、行业协会和社会公众的力量，形成多元主体治理格局，多主体在结构和功能上优势互补、多向互动，从而发挥多中心治理的合作效应，不同主体的具体功能和责任具体如下。

(1) 在多中心治理中，政府依然承担着"元治理"角色。政府的责任主要体现在制定多中心治理格局的宏观框架、制定参与主体的行为规则、供给必要的资源、完善配套的法律法规、经济财税政策等，通过多种手段为公共物品的供给与治理提供依据和便利。

(2) 平台企业独特的商业模式使平台对各类主体具有天然的管理优势，因此将在整个行业治理中发挥监管和主体责任。平台企业需要从管理和技术上创新，如：建立严格的供需资质审核机制；不断完善交易规则，保障公平交易；建立健全信用评价、分级机制与奖惩措施；充分利用技术手段引导用户行为，打通信息交流渠道。与一般的企业不同，共享经济平台更像是一个经济体，承担着数据共享、信用建设、协同治理等多方面责任。

(3) 行业协会要对共享经济出现的问题进行讨论、协商，在行业内达成一致，并建立行业规范和标准，以弥补政府监管的不足；通过创建完善的行业自律管理标准和制度，加强行业的规范化运转；通过构建意见反馈平台，充分发挥好政府与平台、平台与用户间的桥梁纽带作用，从而保证市场的稳定和谐运行。

（4）公众是参与治理的重要一环。詹姆斯·罗西瑙在[①]其著作《没有政府的治理》中提出"一个自我调节的集合体可以促进秩序的形成"。共享经济最直接的受益者为广大用户，因此必须坚持"人人享有、人人尽责"的治理原则。一方面，民众要加强自律，尊重契约精神，树立文明的共享理念；另一方面，民众要参与辅助治理，主动建言献策，充分使用监督权，志愿参与共享秩序的维护，为共享经济有序发展贡献力量。

综上，共享经济治理应该形成以政府主导、平台负责、行业协会监督协调、社会公众参与的多中心治理体系。

[①] 詹姆斯·罗西瑙（James N. Rosenau，1924—2011），美国政治学家，国际事务学者，全球治理理论的主要创始人之一，代表作品有《没有政府统治的治理》和《21世纪的治理》等。

8.7

‖

普惠的善意

美国人类学家博厄斯①最早发现夸求图印第安人(Kwakiutl Indians)的夸富宴(potlatch)现象。夸求图印第安人居住于英属哥伦比亚的温哥华岛，由于海陆资源极其丰富，他们的物质生活很容易满足。或许因此，他们更热心追求社会地位，夸富宴就是这种追求的表达手段。在这类宴席上，主人请来四方宾客，故意在客人面前毁坏大量个人财产，并且慷慨地馈赠礼物，其形式可以是大规模地烹羊宰牛，也可以是大把地撒金撒银，目的归根结底只有一个——显示"慷慨"，从而证明自己的财富和高贵的地位。这对于部落里的贵族来说，不仅仅象征着权力和奢侈，也是用来确定部落内部等级秩

① 博厄斯 (Franz Boas，1858—1942)，出生于普鲁士威斯特伐利亚州明登市一个富有的犹太商人的家庭；从 5 岁起就对自然科学有浓厚兴趣，分别在几所大学学习数学和物理；在明登读大学预科时，深深地爱上了文化史，先后在海德堡、波恩和基尔大学求学，毕业后获得博士学位。

序的一项程序。"夸富宴"的词义是"散尽"(give-away)。夸富宴作为一种有着悠久历史的人类学现象，揭示了人类乐于慷慨分享的某种原始动机。

一位叫萨尔曼·可汗的孟加拉裔美国人，从自幼丧父与贫困的窘境中走出来，靠着聪明勤奋获得了麻省理工学院和哈佛商学院的学位，毕业后得到了一份体面的工作。后来，他发现自己制作的视频不仅可以帮助表妹学好数学，还可以帮助更多的人。2009年，他选择辞职，创立了广受欢迎的互联网课堂——可汗学院，这个创举是投资人眼中的珍宝，本可以轻易地使他跻身富豪行列，而他则选择把可汗学院变成非营利项目，让知识和教育资源变成社会共享财富，办了一场教育的"夸富宴"。

中国也有共享的悠久传统，抛开原始社会因生产水平极其低下所产生的以"共享"为特征的公有制度不说，自私有制出现，以物易物时代开始，共享观念就在中国古代先民日常的生产生活中生根发芽了。《走向共享》的作者卢德之先生，一贯倡导共享精神，他指出，从大禹治水开始，共享观念就已经融入中华文化中。西周的井田制、分封制，就是古代统治者对共享的制度设计。人类学家也坚信这种亲密关系和相互回报是一种不可改变的人类行为，是人类社会向更高层次发展的基石。

美国心理学家托马塞罗[①]在《我们为什么要合作》一书中指出，"人类有自私的天性，相互的合作和帮助也是基于自身利益而出发的。" 今天的共享经济不仅是一场经济革命，更是一场社会革

---

① 托马塞罗 (Michael Tomasello)，认知学领域的科学家，同时也是德国马克思·帕兰克人类进化研究院的主要负责人，他指出了社会因素是怎样影响人类大脑的。

命，它打破了消费和所有权的旧有观念，让人们重新开始审视集体意识、合作分享的价值，人们也开始相信通过资源的分享能在个体利益和社会团体中找到更好的平衡点。在今天的大共享时代，人们可以更积极地参与到组织行为中来，而无须建立在牺牲个体利益或消除个性的基础上。

人类社会进入20世纪后半叶特别是21世纪以后，无论是国际还是国内，东方还是西方，经济社会发展都处于一个重要的转型期，这使得人们不得不认真地回应与寻找突围现实困境的方式与方法，并且深入讨论与追求社会未来的发展方向。而资本的出路就是共享，应当让资本发展与多数人的利益结合起来，为多数人服务，为社会发展服务。

有一个很有寓意的故事，Airbnb创始人之一最初萌生把自己家的充气床垫分享给陌生人的想法时，把这个想法告诉了他的父亲，父亲觉得这个想法很不靠谱。后来他又告诉了爷爷，爷爷觉得很正常。因为他的父亲习惯了出门住酒店的时代，而在他爷爷的年代，人和人之间关系更加亲密，出门寄宿在亲戚朋友家的沙发上是很正常的。

也许大共享时代就是人类的一次终极探险，正如伊丽莎白·玛姬所倡导的共享繁荣版大富翁游戏那样，符合人性的古老美德将以新的形式在我们的生活中复苏。

参考文献

[1] 白永秀，任保平. 中国市场经济理论与实践[M]. 北京：高等教育出版社，2011.

[2] 张莹. 从人与自然、社会的和谐到人与自身的和谐——对两次工业革命影响和启示的再认识[J]. 中学历史教学研究，2013(1)：37-40.

[3] 刘国华，吴博. 共享经济2.0[M]. 北京：企业管理出版社，2015.

[4] Admin. 浅析共享经济：理论与现实[EB/OL]. http://www.tourongji.com/2617.html，2017-12-19.

[5] 李培蕊. 基于"赢者通吃"理论的平台竞争策略研究[J]. 华北水利水电大学学报(社会科学版)，2016，32(4)：28-30.

[6] 新浪综合. 高盛区块链79页完整报告：从理论到实践[EB/OL]. https：//tech.sina.com.cn/i/2018-01-30/doc-ifyqyuhy7705954.shtml,2018-1-30.

[7] 王群. 奥斯特罗姆制度分析与发展框架评介[J]. 经济学动态，2010(4)：137-142.

[8] [美]詹姆斯·N. 罗西瑙. 没有政府的治理[M]. 张胜军，刘小林，等译. 南昌：江西人民出版社，2001.

[9] 卢德之. 走向共享[M]. 北京：北京大学出版社，2015.

[10] [美]Michael Tomasello. 我们为什么要合作[M]. 苏彦捷译. 北京：北京师范大学出版社，2017.

新增资源消耗减半，劳动时间减半

——大共享时代下的社会生态

9.1

‖
"现代性问题"突出

20世纪以来，随着和平与发展成为主题，技术革命和全球贸易迅速发展，使得人类的财富和生活质量呈现出爆炸式增长的态势，资本消费主义大行其道，在给人们带来极大便利和丰富物质享受的同时，问题也随之而来。其中最严峻的当属全球气候问题。生产力提高所付出的代价是人们使用了数十亿吨的化石燃料，这些燃料最终以二氧化碳等温室气体的形式排放在大气之中，温室气体浓度的提高使得全球的气温逐渐升高。有数据显示，近130年，全球平均气温升高了0.85度，仅仅是2003年到2012年的十年间，升高幅度就达到了0.78度。气温异常升高使得高原冰川加速融化，土地荒漠化严重，更为可怕的是，如果问题持续下去，南北极冰层的融化将会使得海平面升高，也会使得飓风、海啸等极端天气频发，这就会威胁到人类赖以生存的陆地和生存安全。

现代消费主义盛行所引发的另一个问题是人们的生存压力逐渐

增加。为了享受到便利的生活，人们开始向城市进行聚集，人们虽然不必日出而作，日落而息，但生存的压力，却以另外的方式呈现在面前：呆板的办公室气氛让人喘不过气，业绩的压力让人们无暇顾及情感与融洽关系的确立，工作的压力让城市里白领，不敢思考，不敢懈怠，可即便如此，"996"正在以前所未有的速度以IT业为中心迅速扩散，人们越来越像流水线上的机器，除了吃饭和睡觉，其余的时间，都要花在工作和与工作有关的事情上，这样状态下的人群，他们终日劳作的目的仅仅是为了满足物质的极大享受，但却因此放弃了寻找更高层次的追求的动力，诸如安全感、社交尊重、自我实现等，按照马斯洛的观点，人们的幸福感，并不能在这样的氛围下得到提高。

9.2
‖
重新思考

　　为了解决这些"现代消费主义盛行"带来的问题，政客和国际组织提出过一系列解决方略，比如，为了应对气候变化，各国协商建立了应对气候变化的国际组织，签订了多个致力于各国合作解决气候问题的国际公约和议定书，为了解决人们因城市化带来的压力，各国也制定了相应的劳动法规，限制人们的工时，成立工会，用来争取劳动者的各项权益。

　　这些举措虽然起到了一定作用，但是负面效应也接踵而来：比如，应对气候变化的主要措施是减少各国二氧化碳的排放总量，将温室气体的浓度控制在一个范围之内，但这样做就意味着各国必须减缓经济发展速度；再比如，制定相关法律限制人们的工作时间以及劳动强度，甚至制定相关法律规定最低薪资标准的措施，是以牺牲企业运行效率为代价的，其结果不仅没有提升人们的幸福指数，反而因为限制过多，导致企业用工意愿下降，最终使得失业率上升。

第九章　新增资源消耗减半，劳动时间减半

面对这样困境，我们必须重新反思一些本源性的问题：人与自然的关系究竟是什么？人与人之间的关系应该怎样建立，人与后代的关系应该如何维系，又进而引申出诸多具体问题，比如稀缺资源应该如何分配，面对物质诱惑如何进行可持续发展，人类如何才能获得幸福等。

在我们看来，之前的这些解决路径并没有抓住问题的根本。遏制碳排放量增加只在供给端寻找途径，却忽视了人们在消费过程中存在的资源浪费。这主要体现在以下两个方面：首先，资源占有能力强的人，往往会占据更多的资源，比如更多的土地，更大的房产，数量众多的汽车。在这种消费方式下，一个美国的8岁的中产阶级家庭出身的孩子所消耗的资源就包括250万公升水，1000棵树，210000吨油，22吨钢铁和80万瓦特的电力，这个消费水平是人均GDP比美国更高的瑞士儿童的2倍，意大利儿童的3倍，印度小孩的35倍，但满足其需求的，只是其中很少的部分，剩下的，则被浪费了。另一方面是一次性物品被过度消费：根据数据统计，全球一年被消费掉的一次性纸杯和塑料杯的数量达到了2200亿，这样就使得数量众多的木材资源以及石油副产品被无端浪费；这些浪费掉的资源不仅使得地球不堪重负,还使得只占财富总量20%的普通人不得不用"加班"、亚健康的方式，维持这一消费资本主义主张。所以，气候变暖的原因是，人们的满足感源于物品的归属感，这加剧了过度生产和不必要的消费，如此往复，形成了恶性循环。

9.3

‖

"大共享经济"是新出路

解决这些问题的出路在哪里呢？我们认为，如果大共享经济可以得到普及，则可以在减少资源浪费的同时，保证人们的幸福感得到提升。比如一辆汽车，既可以被业主使用，当这台汽车闲置的时候，也可以以市场化的方式让别人使用，那么人们就不需要那么多汽车，用来制造汽车的钢铁、轮胎、丝织品等资源就可以相应减少，最终达到减少碳排放量的目标；与此同时，人们也没有必要为了追求"拥有"这些物品而将精力全部用在工作上，需要的时候，只要在市场中，使用少量的资金买下这些物品短暂的使用权。这样，人们不仅可以获得物质的满足感，还不会因此带来更加繁重的资金压力，他们可以拥有更多的闲暇时间进行消费、娱乐，做更多自己想做的事。

大而化之，如果全球所有的企业、组织、个人联合起来，将所有资源进行共享，那么资源浪费问题就会得到遏制，碳排放量、气候变暖等问题就可以得到相应的解决；同样，如果全世界所有企业将减少人们的用工时间作为目标，把低端的制造业引向服务业，就可以创造更多的岗位，因此而产生的创造力，将呈指数级增长，推动全球经济的快速发展。

从宏观来看，这样做不仅不会降低社会的整体生产效率，反而通过共享经济的应用，人们的人际关系将更加亲密，普通人的焦虑感和劳动强度将会减少，还可以因此激发人们的创造力，创造出更多的新产品、新产业，最终提高整体社会运行效率。

在践行大共享经济、降低人们工作时间方面，诸多国家和组织已经作出了诸多尝试：比如芬兰，2020年，新任总理马林呼吁实施新的工作模式，每周工作4天，每天工作6小时，用来改善员工关系和提高生产效率，而芬兰的人均GDP位居全球前列。

以天九为代表的大共享经济企业，从2016年起，尝试实施四六工作制，员工的工作时间从之前每周工作40小时，减少到每周只需工作24小时，几年下来，通过运用大共享经济模式和减少劳动工时，公司的估值从当初的45亿增加到300亿元。

9.4

‖

"双减半"基于现实，着眼未来

正是基于以上理由，我们提出极具前瞻性的"双减半"倡议。"双减半"是指：通过企业界和理论界的努力，国际组织共同参与践行大共享经济，2030年在实现人们幸福指数不断上升的同时，实现全球新增资源消耗减少50%，人们的劳动工时减少50%的目标。

这一倡议的根本目标，是在提升人们的幸福指数的前提下，提升企业的经济规模和效率，而实现这一目标的手段，则是通过以下两方面来实现的。

其一，通过大共享经济的广泛应用。因为共享经济是一个需要多方参与的经济模式，甚至我们可以说，"双减半"就是要求我们全球共享，共享一切可以利用的资源。

其二，减少人们的劳动工时。人们用节省下来的时间去做什么？让大家可以充分享受这个世界，体验这个世界，做任何他们感兴趣的事情，这样做，可以提高人们的创造力，从而创造出传统经济模式下不可能实现的创新成果，从而推动整个人类迈上新的台阶。

9.5
‖
"双减半"实现的动因

"双减半"倡议完全可以实现，原因如下。

首先，双减半的实现有其必然性，从价值方向来看，消费主义大行其道的结果，只会导致浪费和资源的滥用，而这并非是经济发展的唯一模式，大共享经济的迅速普及可以在减少资源浪费的同时，增加人们的幸福感，这种向心力将驱使我们放弃之前的消费主义主张，转向大共享经济的运行模式中来。

其次，实现双减半，技术支撑已经具备。伴随着工业4.0、区块链技术等广泛使用，在计算机能力大大提高的情况下，供给和需求可以得到精准匹配，消费需求可以通过平台在生产领域和流通领域同时得到体现，进行相应匹配，这样可以做到最大程度的资源节约，这样，原本需要重新生产的资源，会被共享资源所替代，而那些被大共享经济所释放的劳动力，一方面可以有更多的时间做自己想做的事情，另一方面，还可以根据其兴趣爱好重新匹配其职业，

"斜杠人才"将成为大共享时代下的普遍状态，至于新岗位的获取，则会以专业平台匹配的方式实现。

让我们畅想一下未来：在大共享经济为主导的世界里，人们可以有闲暇的时间陪伴在家人周围，可以实现自己的理想，可以以市场化的方式，获得资源的使用权，而企业和组织，则在大共享经济的模式下，愈加强大。

参考文献

[1] 李飞. 全球气候治理存在的问题及对策研究[D]. 山东师范大学, 2018.

[2] 谢灵芝. 幸福与超越——从马斯洛需要层次理论谈起[J]. 教育与教学研究, 2008, 22(5):31-33.

[3] 陈俊. 全球气候变化：问题与反思[J]. 湖北大学学报(哲学社会科学版), 2017，44(02)：16-22.

[4] 吴振球. 论如何同时降低通货膨胀率和失业率——菲利普斯曲线的微观经济基础及其移动[J]. 财贸研究, (6)：18-24.

[5] Laszlo E. The Chaos Point: The World at the Crossroads[J]. Piatkus Books, 2015.

[6] Susan Strasser. Waste and Want: A Social History of Trash[M]. New York：Holt Paperbacks, 1999.

附录

2019 年中国独角兽企业发展年度观察报告

李 泽 郭宇宽

经研究发现,广义共享经济属性独角兽企业占据中国独角兽企业近八成,这可以从侧面体现,广义共享经济成为我国经济增长的新引擎,几乎是2019年经济增长的唯一亮点。

独角兽企业代表各个行业高速发展的趋势性企业,是每个行业的佼佼者,见证资本市场的潮起潮落,代表经济的发展方向。

本文纵观当前中国转型时代背景,深入梳理有代表性的独角兽企业,以广义共享视角观察已经被视为中国共享经济属性头部企业和一些尚未被视为共享经济企业的独角兽企业;分析以蚂蚁金服、今日头条、滴滴出行、哈啰单车、优客工场等为代表的共享经济属性头部企业在过去近十年间获得投资的情况。经研究发现,广义共享经济属性独角兽企业占据中国独角兽企业近八成,这可以从侧面体现,广义共享经济成为我国经济增长的新引擎,几乎是2019年经济增长的唯一亮点。

共享经济企业成了一种贴在新分享模式上的标签,而不是对一种商业模式的本质描述。我们需要一种更加准确的理论范式来体现共享经济和共享经济企业的关系。正如爱因斯坦以广义相对论来进一步弥合相对论和经典力学的裂痕，他提出了两个基本原理作为广义相对论的推理基础：一是等效原理，惯性力场与引力场的动力学效应是局部不可分辨的；二是广义相对性原理，所有的物理定律在任何参考系中都采取相同的形式。

因此，在大共享时代我们提出广义共享经济的理论，并且也以两条基本原理作为推理的基础。

(1) 等效原理："经济人"假设和"社会人"假设在微观经济行为的解释上是一致的。

(2) 广义共享原理：不管是新成立的经济组织，还是有历史的经济组织，在推广和运用共享方面，本质原理是无差别的。

用广义共享经济的视角，我们对当前的独角兽企业有了不同的洞察，我们不仅可以更加深刻地认识当前被称作共享经济企业的新业态，也可以重新审视传统经济论述范式下的企业如何拥抱共享这一我们认为在大共享时代任何经济体都应该主动拥抱，而且实际上也不能回避的命题。

第一部分：大共享时代背景

1. 投资和出口拉动经济的增速放缓

根据国家统计局数据，2013—2018年，我国GDP年均增长率为7.0%，随着经济的增长、国内外环境的变化，投资、消费、出口三驾马车对经济的拉动结构出现了较大的变化，消费对GDP的拉动的比重越来越大，而投资和出口对GDP增长贡献率逐渐下滑，增速放缓。

投资拉动经济增长放缓，主要是随着我国经济水平的提高，全国各地基建投资、制造业投资、固定资产规模和房地产建设逐步满足需求，投资率普遍处于高水平，再如同2009年那样大规模投资拉动经济增长的情况已不大可能，且经济学所说投资回报递减规律显现，依靠投资拉动的经济增长率短暂上升之后开始下滑。

出口则严重依赖于全球经济环境变化，根据世界银行2019年6月发布的《全球经济展望》报告分析，全球经济增长仍然面临重大下行风险，包括：贸易紧张局势可能进一步升级，金融压力重现，以及一些主要经济体经济增速降幅超出预期。我国主要对外出口国经济增速放缓，出口对经济的拉动动力不足(见图A-1)。

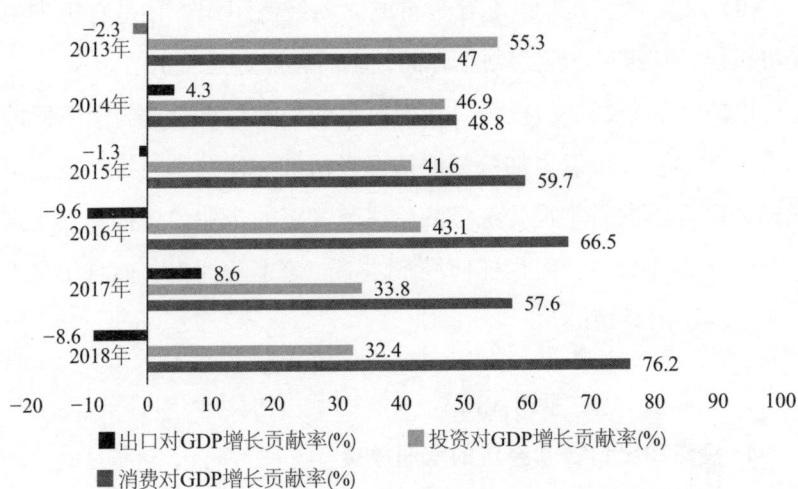

图A-1　三大需求对GDP增长贡献率

数据来源：国家统计局，天九独角兽商学院整理

2. 新技术运用尚未进入收获期

随着新一轮科技革命和产业变革孕育兴起，人工智能、大数据、电动汽车、区块链等新技术飞速发展，涌现出一批高科技独角兽企业，但是，上述领域尚未进入收获期，变现之路仍然较远。商

汤科技、旷视科技作为人工智能、大数据领域的代表，受资本青睐，但是二者的经营状况并非可喜，商汤科技处于盈亏平衡边缘，旷视科技2019年上半年收入仅10亿元，亏损则高达52亿元。电动汽车领域则是"叫好不叫座，盈利仍困难重重"，根据PitchBook统计数据，2019年电动汽车领域投资下降90%。国内代表企业小鹏汽车、威马汽车、蔚来汽车均处于砸钱投资的阶段，尚未达到大规模量产销售，短期内仍然看不到盈利的希望。而区块链从诞生至今饱受争议，一直在夹缝中生存。根据CB Insights数据统计，区块链投资2019年下降60%，找到适用区块链技术的应用场景是其进入收获期的关键。

3. 新媒体创新有待市场检验

随着互联网技术升级迭代，催生出众多新媒体平台，各个平台不断推陈出新，从内容免费模式升级到内容付费模式，"IP+内容"构成了新媒体平台的业务模式，如"罗辑思维""樊登读书会""抖音""快手"等新媒体平台发展得如火如荼，但是新媒体创新之路仍需市场检验。比如：2019年初王欣的"马桶"、锤子科技的"聊天宝"以及抖音旗下的"多闪"三大社交软件同日发布，似有挑落社交巨头"微信"之意，当初可谓气势汹汹，一发不可收拾，时至今日，三款软件则纷纷销声匿迹，"马桶"上线即遭下架；"聊天宝"团队解散，罗永浩退出，难逃死亡之运；"多闪"虽依靠抖音，仍闪电败北。2019年8月30日，陌陌旗下的AI换脸App"ZAO"上线，一夜爆红，但很快陷入侵犯肖像权、泄露隐私等争议之中，仅3日即被工信部约谈，微信分享链接被停止访问。新媒体行业内容产出和产品开发是其长期发展的根本，优质的内容、良好的产品才是用户买单的良方。

4.互联网服务和电子商务依旧是独角兽企业的突破口

根据胡润研究院9月4日发布《2019二季度胡润中国潜力独角兽》榜单，一共有79家高成长性潜力独角兽企业榜上有名，其中互联网服务行业企业16家，电子商务行业11家，分别占本次潜力独角兽企业总数的20.30%和13.92%，两者合计占比为34.18%，互联网服务行业和电子商务行业依旧是未来独角兽企业的重要突破口(见表A-1)。

表A-1　胡润中国潜力独角兽企业行业分布

序号	行业	数量(家)	占比(%)
1	互联网服务	16	20.25
2	医疗健康	15	18.99
3	电子商务	11	13.92
4	人工智能	8	10.13
5	智能制造	8	10.13
6	文化娱乐	7	8.86
7	教育	5	6.33
8	大数据与云计算	3	3.80
9	互联网金融	3	3.80
10	物流服务	3	3.80
合计	—	79	100

数据来源：胡润研究院，天九独角兽商学院整理

5.中国创业投资处于断崖式衰退期

中国企业风险投资/PE投资风光不再，根据Wind数据统计，我国2018年前三季度发生创业投资事件4192起，创业投资价值高达1万亿，2019年前三季度创业投资事件2595起，创业投资价值2800亿。我国创业投资价值减少7473亿，降幅高达72.74%，创业投资事

件减少1579起，下降幅度为38.10%。从上述数据来看，我国创业投资处于断崖式衰退期(见表A-2)。

表A-2 创业投资基金行业投资分布

行业	2019年前三季度		2018年前三季度	
	金额(亿元)	数量(起)	金额(亿元)	数量(起)
电信服务	—	2.00	168.99	5.00
房地产	64.82	14.00	356.46	34.00
信息技术	1 374.78	1 606.00	3 524.00	2 519.00
可选消费	470.15	383.00	2,130.68	726.00
公用事业	18.86	17.00	62.16	12.00
材料	3.94	26.00	150.23	36.00
日常消费	94.85	70.00	175.32	73.00
医疗保健	426.64	303.00	943.07	475.00
金融	191.30	90.00	1 863.44	171.00
工业	151.60	81.00	898.39	137.00
能源	3.50	3.00	0.44	4.00
合计	2 800.45	2 595.00	10 273.18	4 192.00

数据来源：Wind，天九独角兽学院整理

6.中国企业家精神依然强劲

2015年李克强总理提出"大众创业、万众创新"，中国企业家跟风投入创业热潮，创业企业受到众多投资机构的热捧。党的十八大以来，随着商事制度改革的实施和推进，单位数量呈爆发式增长，2012年到2017年期间，单位数量从1061.7万个迅速增加到2200.9万个，年均增长15.7%。截至2018年底，中国中小企业的数量已经超过了3000万家，个体工商户数量超过7000万户，贡献了全国50%以上的税收，60%以上的GDP，70%以上的技术创新成果和80%以上的劳动力就业。国家统计局新闻发言人就2019年8月国民经济运行情况答记者问中提到，目前营商环境在持续改善，新登记注册企业数量大量增加，2019年前8个月日均新登记企业1.9万户左右。中国良好的营商环境、持续增强的综合国力为企业家创业增强了信心，中国企业家精神依然强劲。

7. 面向存量资产和市场的价值挖掘是未来一个时期提高中国经济体效率的必由之路

共享经济悄然渗透我们身边的方方面面，随着互联网的发展，5G技术的推广，共享经济正在崛起，逐渐成为经济增长不可或缺的一部分。共享经济是充分利用闲置资源，让闲置资源合理配置、优化，实现不同主体之间的共享，以达到闲置资源利用价值最大化。典型的案例如共享金融领域的蚂蚁金服、陆金所，蚂蚁金服、陆金所平台无须使用自有资金，而是盘活了用户的闲置存量资金，让资金的供方和需方链接，实现资金的效用最大化；共享出行领域的滴滴出行、Uber，平台方旗下无自有车辆，却链接了车主和乘客双方，在最大限度满足乘客出行的同时，盘活了闲置车辆的使用；共享办公领域的优客工场、WeWork，两个平台亦无自有产权办公房屋，但是撬动了办公出租方和使用方二者的关系，通过平台实现了闲置办公区域的充分利用。

2019年10月18日，中国国家统计局公布前三季度GDP数据，国民经济运行总体平稳，经济结构持续优化，初步核算，前三季度国内生产总值697 798亿元，按可比价格计算，同比增长6.2%。分季度看，一季度增长6.4%，二季度增长6.2%，三季度增长6.0%。从长期来看，中低速增长的现象将会成为常态。面临如此严峻的形势，共享经济似乎打开了一扇门，或许可以成为促进经济发展的一个有力武器。根据国家信息中心分享经济研究中心2019年2月发布的《中国共享经济发展年度报告(2019)》，2018年我国共享经济交易规模2.9万亿元，比上年增长41.6%。2018年我国共享经济参与者人数约7.6亿人，参与提供服务者人数约7500万人，同比增长7.1%。我们相信未来，面向存量资产和市场的价值挖掘是未来一个时期提高中国经济体效率的必由之路。

8. 广义共享经济新赛道浮出地平线

共享经济近年被资本所追捧的时候，人们的目光被吸引到带有共享经济光环的产业新星。它们是一场春雨后最先破土的嫩芽，但它们并不是一片森林的全貌。人们常常讨论这些产业项目，因为这些项目带来的新鲜感让人以为这就是共享经济的全部。但是问题随之而来，既然共享一间住房，共享一辆汽车，甚至共享一辆自行车和一个充电宝被视为共享经济案例，那么收费的公共厕所的小便池不是被很多人共享的吗？传统酒店的客房难道不也是被很多人共享的吗？传统出租车的车辆难道不也是被很多客人共享的吗？正如报告开篇提出的观点，大共享时代广义共享经济热潮来袭，广义共享经济新赛道浮出地平线。

2019年2月，国家信息中心分享经济研究中心发布《中国共享经济发展年度报告(2019)》，报告指出，截至2018年底，全球305家独角兽企业中有中国企业83家，其中具有典型共享经济属性的中国企业34家，占中国独角兽企业总数的41%。2019年10月21日，胡润研究院发布《2019胡润全球独角兽榜》，报告数据统计，共享经济排名第八，只有22家共享经济属性独角兽企业，占全球独角兽公司的4.4%，其中中国仅有8家共享经济属性独角兽企业，占中国独角兽公司的3.88%。

但是，在广义共享经济视角下，根据天九独角兽学院研究整理，截至2019年9月30日，中国目前有独角兽企业178家，其中共享经济属性独角兽企业141家，共享经济属性独角兽企业占所有独角兽企业数量比为79.21%；同样，根据统计，曾经被评为独角兽企业，且已经上市的企业有24家，24家独角兽已上市企业中有共享经济属性的企业20家，占比为83.33%。

从广义共享经济视角分析，共享经济属性独角兽企业占据独角兽企业的绝大多数。除去我们常见的滴滴出行、哈啰单车等典型共享出行项目外，车好多(瓜子二手车)、大搜车、ETCP停车等也属于共享出行领域的共享经济属性企业，车好多、大搜车是把二手使用价值最大化，在买卖双方不同用户群体交易中实现其价值；ETCP停车则实现了将停车场价值最大化，保证闲置停车场的高效利用。共享房屋(住宿)领域典型的当为类似于Airbnb(爱彼迎)模式的小猪短租，但是大家耳熟能详的贝壳找房、自如公寓、蛋壳公寓等房屋买卖、租赁平台同样属于共享经济属性项目，房屋买卖、租赁平台通过链接买方和卖方，成功地将二手房、闲置房屋价值效用提升。如上实例不再一一列举，详见表A-3、表A-4。

广义共享经济伴随互联网技术的迭代升级不断涌现出新兴企业。根据数据统计发现，共享金融、知识技能领域共享经济属性独角兽项目均为22家，并列首位，生活服务类共享经济属性独角兽项目21家，位居第三位。其中共享金融领域由蚂蚁金服领衔，知识技能领域由今日头条率团，生物服务领域以"饿了么+口碑"为首。后续排位的信息技术、共享物流、共享出行、共享教育、共享房屋、共享医疗均有9家以上企业，无论是从企业估值、企业数量上看，均处于步步上升之趋势。且多个领域均得到资本市场充分验证，比如生活服务领域的美团、拼多多均已经登陆美国资本市场；知识技能领域的腾讯音乐、爱奇艺等均在美国上市；共享医疗领域的平安好医生业已登陆港交所，上述企业受到资本市场青睐，市值不断上涨。广义共享经济新赛道浮出地平线，且愈发成熟，虽有少数企业尚未实现盈利，但其共享模式已经得到验证，盈利只是时间问题，我们相信共享经济的发展将会愈演愈烈，未来属于大共享时代(见图A-2)。

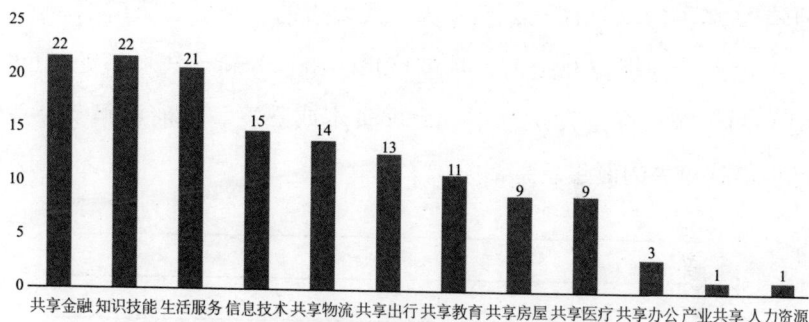

图A-2　共享经济属性独角兽共享类型分布

数据来源：CB Insights、PitchBook、前瞻研究院，天九独角兽商学院整理

第二部分：中国共享经济属性独角兽企业概况

根据天九独角兽学院研究整理，截至2019年9月30日，中国有独角兽企业178家，独角兽企业估值合计为7635.06亿美元，其中共享经济属性独角兽企业141家，估值合计为6847.82亿美元。从数量上统计，共享经济属性独角兽企业占所有独角兽企业数量比为79.21%；从企业估值统计，共享经济属性独角兽企业占所有独角兽企业估值比为89.69%。同样，根据统计，曾经被评为独角兽企业且

已经上市的企业有24家，24家独角兽已上市企业中有共享经济属性的企业20家，占比为83.33%。可见，共享经济属性企业更容易蜕化成为独角兽企业，具体情况如下。

1. 地域分布

从地域分布来看，诞生共享经济属性独角兽企业的区域一共14个城市，绝大多数城市为一线、新一线城市，其中北京一枝独秀，以64家共享经济属性独角兽企业艺压群芳，上海、深圳、杭州分别有26家、17家、10家，而作为一线城市的广州排在第6位，与北京、上海、深圳拉开距离，且被杭州、南京等新一线城市超越(见图A-3)。城市经济发达水平、金融资本成熟度、政府政策支持等环境与独角兽的诞生息息相关。

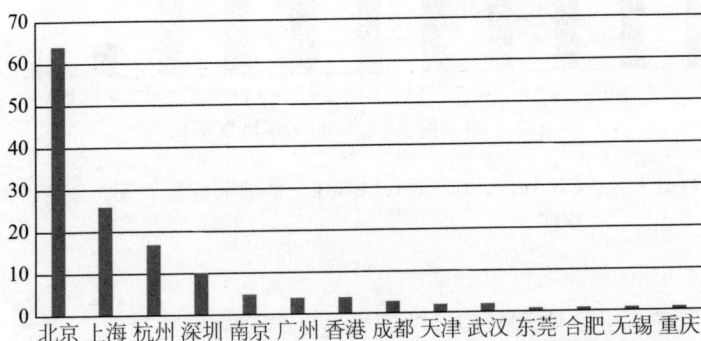

图A-3　2019年共享经济属性独角兽企业地域分布

数据来源：CB Insights、PitchBook、前瞻研究院，天九独角兽商学院整理

2. 行业分布

根据统计数据显示，从行业分布来，共享属性独角兽企业集中度较高，按照数量统计维度，金融科技、文娱媒体行业均为22家，

两个行业并列榜首，电子商务、物流服务行业分别为16家、14家。按照企业估值维度统计，金融科技行业企业估值总计为2573亿美元，占据首位，文娱媒体行业估值总计1323亿美元，汽车交通行业总计为854亿美元，分列二、三席。三个行业分别占企业总估值的37.57%、19.32%、12.47%，合计占69.36%(见图A-4、图A-5)。

互联网的发展推动了共享属性独角兽企业的发展，无论是金融科技、文娱媒体，还是工具软件、区块链，都与互联网的发展息息相关，可以说互联网的普及促进了共享经济的发展。金融科技领域蚂蚁金服的发展壮大离不开移动互联网推广，汽车交通行业的滴滴出行更是在移动互联网发展之时横空出世，一跃成为中国共享出行领域的巨头，霸主地位无人撼动。

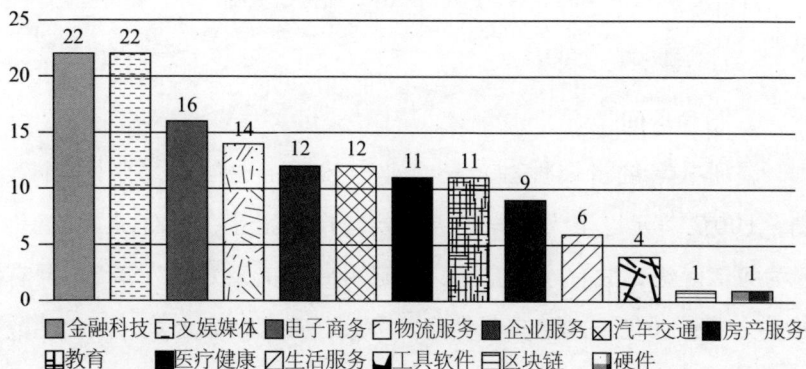

图A-4　中国共享经济属性独角兽企业行业分布(数量)

数据来源：CB Insights、PitchBook、前瞻研究院，天九独角兽商学院整理

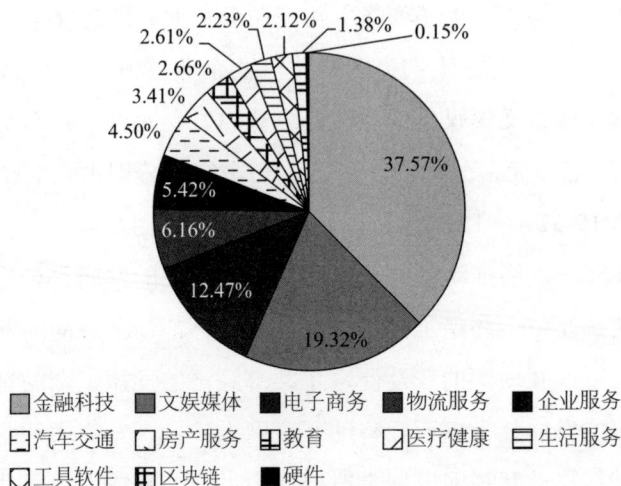

图A-5　中国共享经济属性独角兽企业行业分布估值占比

数据来源：CB Insights、PitchBook、前瞻研究院，天九独角兽商学院整理

3. 估值区间

调研共享经济属性独角兽企业，按照企业估值划分为4个级别，100亿美元以上为第一等级，共有10家企业；50亿～100亿美元为第二等级，共有10家企业；20亿～50亿美元为第三等级，共有23家企业；10亿～20亿美元为第四等级，共有98家企业。从上述数据可知，估值越高的等级企业数量越多，估值越低的等级企业数量越少。但是以企业估值角度考量却恰恰相反，估值在100亿美元以上的前十名企业估值合计为4450亿美元，占141家企业估值总额比为64.98%。其中尤以蚂蚁金服估值1500亿美元、今日头条估值750亿美元、滴滴出行估值600亿美元为代表，三者之和即占总估值的41.62%(见图A-6、图A-7)。

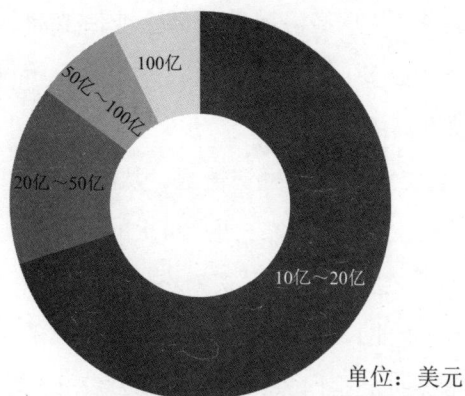

单位：美元

图A-6 中国共享经济属性独角兽企业估值区间分布(数量)

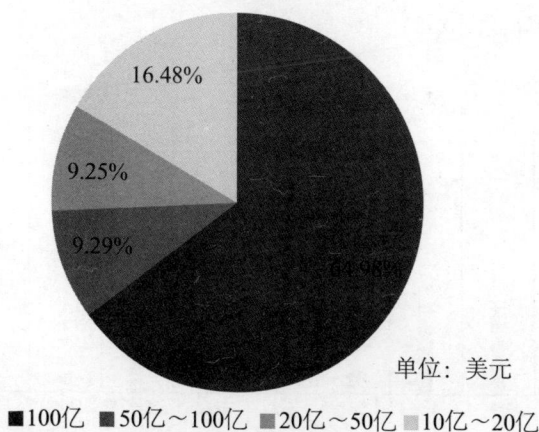

单位：美元

■100亿 ■50亿～100亿 ■20亿～50亿 ■10亿～20亿

图A-7 中国共享经济属性独角兽企业估值区间占比

第三部分：中国共享经济属性独角兽企业投融资情况

研究小组从上述161家(未上市141家、上市20家)共享经济属性独角兽企业剔除极值、有梯次筛选，最终选择44家企业作为研究样板，从中探寻中国共享经济领域投融资情况。选取的44家企业估值总额为2323.5亿美元，融资总额为505.42亿美元，44家企业披露投资方总计为391家。共享经济属性头部企业估值高、受到众多投资机构青睐、融资次数多、获投金额大，本报告分析仅以此作为分析样本，投融资情况具体如下。

(1) 根据44家企业披露的融资情况，从融资次数统计，融资1次的企业2家，融资3次的企业4家，融资4次的企业5家，融资5次的企业8家，融资6次的企业14家，融资7次的企业6家，融资8次的企业3家，融资16次的企业1家(优客工场)，融资18次的企业1家(滴滴出行)。融资次数6次的企业14家，占比31.82%，融资次数5次以上的企业多达33家，占比75%。可见，共享经济属性头部企业对资金的需求程度之高(见图A-8)。

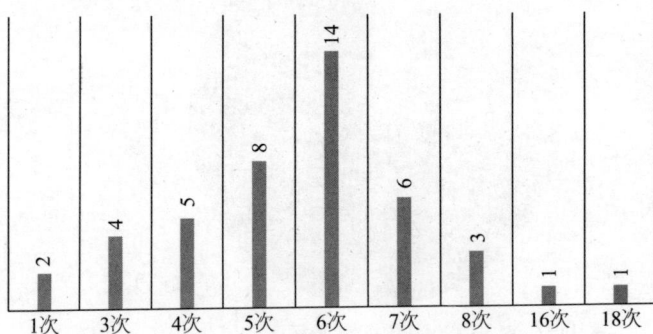

图A-8　共享经济属性企业融资次数

数据来源：CB-Insights，鲸准

(2) 从投资方地域分布看，44家企业披露投资方总计为391家，分别来自中国、美国、英国、日本、新加坡等20个国家或地区。总体来看，这些机构多数来自中国和美国。

(3) 从投资方属性看，战略投资139家，PE机构120家，VC机构118家，天使投资机构12家，FOFs机构2家(歌斐资产和前海母基金)。战略机构、PE机构、VC机构三分天下，构成现有投资格局，无论何种机构，均看重所投企业未来的成长性。

(4) 按照资金性质划分，资金渠道来源广泛，包括传统募集资金、战略投资者的自有资金、国家主权基金、银行资金、保险资金、信托资金、退休基金、养老基金等，其中以PE、VC募集资金为主。国家主权基金涉及3家机构，包括GIC(新加坡政府投资公司)、淡马锡两支新加坡主权基金以及Mubadala阿联酋主权基金。银行资金共有11家，包括工、农、中、建、交国有五大行在内的9家本土银行，以及硅谷银行、西班牙桑坦德银行两家国际银行。保险资金共有6家，包括中国人寿保险、太平人寿保险、中国平安、阳光保险、中国再保险集团、中国大地保险。除上述几种性质外，还涉及加拿大两家养老基金，CPPIB(加拿大退休金计划)和CDPQ(加拿大魁北克储投)(见图A-9)。

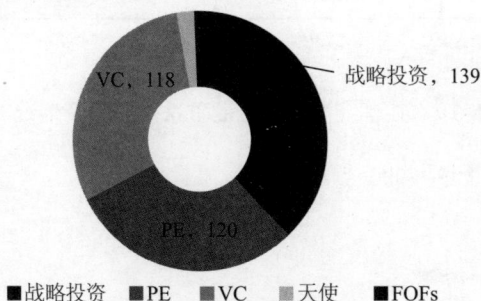

图A-9 投资共享经济属性独角兽企业不同性质投资机构数量

数据来源：CB-Insights，清科，鲸准，新芽

(5) 从共享经济企业首次被投时间来看，主要集中于2012—

2015年。2012年网约车平台"滴滴出行"横空出世，"共享经济"随着"滴滴出行"的蓬勃发展，中国共享经济领域企业逐步进入投资机构视角，各个投资机构争相进入共享经济领域。44家共享经济属性独角兽企业总计融资505.42亿美元，融资平均数为11.49亿美元，中位数为5.23亿美元。各个企业首次获得融资集中于2012—2015年，主要得益于互联网技术的变革，互联网催生共享经济企业诞生和发展(见图A-10)。

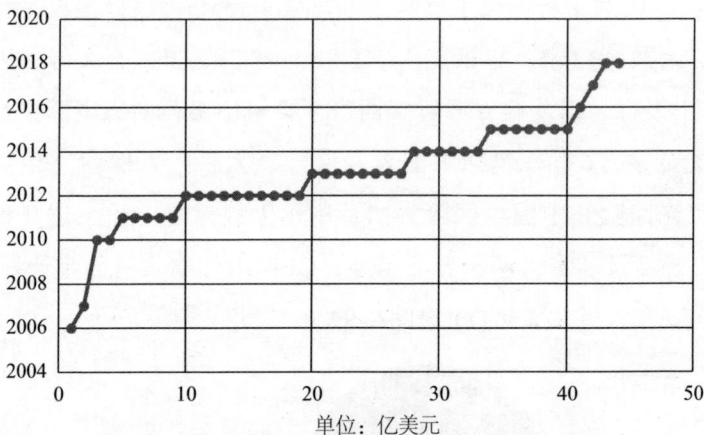

图A-10 共享经济属性企业首次获得投资情况

资料来源：CB-Insights，鲸准

第四部分：综述

1. 广义共享经济已成为经济增长的新动力

广义共享经济属性独角兽企业141家，从数量上统计占独角兽企业比重近8成，从估值上统计占独角兽企业近9成。141家广义共享经济独角兽企业估值合计为6847.82亿美元，2018年中国GDP为

131186.9亿美元，占GDP的比重为5.22%。广义共享经济的发展与我们的生活息息相关，从吃、穿、住、用、行相关的生活服务、共享房屋、共享出行到共享金融、共享医疗、知识技能等领域，无不渗透到我们的生活、工作、学习中，更加显著的是提高了经济运行效率，减少了闲置资源浪费，创造了新的经济增长点。综上，广义共享经济已然成为经济增长的新动力。

2. 商业巨头共享生态圈成型

根据研究发现，共享经济领域各个巨头围绕自身业务不断打造自己的共享生态圈。超级独角兽巨头蚂蚁金服作为阿里系的业绩增长引擎，近年来也不断通过投资延展业务链，比如投资了包括大搜车、蛋壳公寓、哈罗单车、滴滴出行等项目与其自身业务互补，尤其哈啰单车链接支付宝，更紧密地绑定用户，增加了使用黏性。美团是生活服务领域的霸主，但是仍未放缓业务扩张的步伐，在自身的核心能力上不断延伸，从团购、外卖、零售、出行，精心布局每一步，深挖每一个共享领域，共享生态链的每一环环环相扣。同样，滴滴出行强势占领共享出行领域的第一把交椅，除了收购小蓝车之外，还投资了人人车，其同时投资了共享金融"一九付"及生活服务"饿了么"，并且直接成立滴滴外卖，与美团外卖竞争，逐步强化自有共享生态圈。

3. 监管体系为广义共享经济发展保驾护航

广义共享经济迅速发展，提高经济效率的同时，也面临着不同的监管问题，比如，出行领域的共享单车乱停、乱放，顺风车人身安全隐患，共享医疗的执业政策落地难等。俗话说，无规矩不成方圆，广义共享经济的发展也同样需要在国家政策、规范、标准内有序运行。2018年共享领域相关部门综合运用行政、法律、技术等手段对共享平台加强监管，在此基础上，2019年国家对共享经济领域的监管政策不断强化，各个共享平台规范化程度不断提高，共享平台发展的潜在风险降低，持续健康稳定发展的基础愈发牢固。

表A-3　中国共享经济属性独角兽榜单(按估值排序)

单位：亿美元

序号	公司名称	成立时间	城市	所属行业	估值	共享类型
1	蚂蚁金服	2014年	杭州	金融科技	1500	共享金融
2	今日头条	2012年	北京	文娱媒体	750	知识技能
3	滴滴出行	2012年	北京	汽车交通	600	共享出行
4	陆金所	2011年	上海	金融科技	380	共享金融
5	饿了么+口碑	2009年	上海	生活服务	300	生活服务
6	快手	2011年	北京	文娱媒体	260	知识技能
7	京东数科	2013年	北京	金融科技	205	共享金融
8	菜鸟网络	2013年	杭州	物流服务	200	共享物流
9	比特大陆	2013年	北京	区块链	145	信息技术
10	微众银行	2014年	深圳	金融科技	110	共享金融
11	贝壳找房	2017年	天津	房产服务	95	共享房屋
12	金融壹账通	2015年	深圳	金融科技	80	共享金融
13	借贷宝	2014年	北京	金融科技	80	共享金融
14	车好多	2012年	北京	汽车交通	66	共享出行
15	满帮集团	2017年	南京	物流服务	60	共享物流
16	微医集团	2010年	杭州	医疗健康	55	共享医疗
17	OYO酒店	2018年	北京	房产服务	50	共享房屋
18	中国WeWork	2017年	上海	企业服务	50	共享办公
19	WiFi万能钥匙	2012年	上海	工具软件	50	信息技术
20	联影医疗	2011年	上海	医疗健康	50	共享医疗
21	自如公寓	2011年	北京	房产服务	45	共享房屋

续表

序号	公司名称	成立时间	城市	所属行业	估值	共享类型
22	哈啰出行	2016年	杭州	汽车交通	40	共享出行
23	大搜车	2012年	杭州	汽车交通	35	共享出行
24	易商红木	2011年	上海	物流服务	32.5	共享物流
25	喜马拉雅FM	2012年	上海	文娱媒体	32	知识技能
26	优客工场	2015年	北京	企业服务	30	共享办公
27	智车优行	2014年	北京	汽车交通	30	共享出行
28	VIPKID	2013年	北京	教育	30	共享教育
29	小红书	2013年	上海	电子商务	30	生活服务
30	猿辅导	2012年	北京	教育	30	共享教育
31	秒拍	2011年	北京	文娱媒体	30	知识技能
32	度小满金融	2016年	北京	金融科技	29	共享金融
33	美菜网	2014年	北京	电子商务	28	生活服务
34	知乎	2011年	北京	文娱媒体	25	知识技能
35	金山云	2012年	北京	企业服务	23	信息技术
36	淘票票	2014年	杭州	文娱媒体	22	知识技能
37	名创优品	2009年	广州	生活服务	22	生活服务
38	e代理	2015年	上海	金融科技	20	共享金融
39	蛋壳公寓	2016年	深圳	房产服务	20	共享房屋
40	苏宁体育	2016年	南京	文娱媒体	20	知识技能
41	中商惠民网	2013年	北京	电子商务	20	生活服务
42	爱回收	2011年	上海	电子商务	20	生活服务
43	九次方大数据	2010年	北京	工具软件	20	信息技术
44	闪银奇异	2014年	北京	金融科技	16	共享金融
45	曹操专车	2015年	杭州	汽车交通	16	共享出行
46	找钢网	2011年	上海	电子商务	16	产业共享
47	驹马物流	2015年	成都	物流服务	15	共享物流
48	普泰集团	2010年	香港	物流服务	15	共享物流
49	影谱科技	2009年	北京	文娱媒体	15	知识技能

续表

序号	公司名称	成立时间	城市	所属行业	估值	共享类型
50	酷开	2016年	深圳	文娱媒体	15	知识技能
51	团贷网	2016年	东莞	金融科技	15	共享金融
52	快看漫画	2014年	北京	文娱媒体	15	知识技能
53	每日优鲜	2014年	北京	生活服务	15	生活服务
54	界面	2014年	上海	文娱媒体	15	知识技能
55	网信理财	2014年	北京	金融科技	15	共享金融
56	Ucloud	2012年	上海	企业服务	15	信息技术
57	途家网	2011年	北京	文娱媒体	15	知识技能
58	汇桔网	2013年	广州	工具软件	14.54	信息技术
59	便利蜂	2016年	北京	生活服务	14	生活服务
60	草根投资	2013年	杭州	金融科技	14	共享金融
61	正奇金融	2012年	合肥	金融科技	14	共享金融
62	途虎养车	2011年	上海	汽车交通	14	共享出行
63	运立方	2014年	北京	物流服务	13	共享物流
64	氪空间	2014年	北京	企业服务	13	共享办公
65	一点资讯	2013年	北京	文娱媒体	13	知识技能
66	小猪短租	2012年	北京	房产服务	13	共享房屋
67	口袋购物	2011年	北京	电子商务	13	生活服务
68	安能物流	2010年	上海	物流服务	13	共享物流
69	明码科技	2015年	上海	医疗健康	12.6	共享医疗
70	网易云音乐	2013年	杭州	文娱媒体	12.5	知识技能
71	古北水镇	2011年	北京	文娱媒体	12.12	知识技能
72	壹米滴答	2015年	上海	物流服务	12	共享物流
73	易生金服	2015年	北京	金融科技	12	共享金融
74	掌门1对1	2014年	上海	教育	12	共享教育
75	第四范式	2014年	深圳	企业服务	12	信息技术
76	贝贝网	2014年	杭州	电子商务	12	生活服务
77	ETCP停车	2012年	北京	汽车交通	12	共享出行

序号	公司名称	成立时间	城市	所属行业	估值	共享类型
78	富途证券	2012年	深圳	金融科技	12	共享金融
79	魔方公寓	2010年	上海	房产服务	12	共享房屋
80	中粮我买网	2009年	北京	电子商务	12	生活服务
81	安鲜达物流	2015年	上海	物流服务	11.5	共享物流
82	华云数据	2013年	无锡	企业服务	11.36	信息技术
83	特斯联	2015年	重庆	企业服务	11	信息技术
84	要出发周边游	2011年	广州	文娱媒体	11	知识技能
85	1919酒类直供	2010年	成都	电子商务	11	生活服务
86	首汽约车	2015年	北京	汽车交通	11	共享出行
87	易久批	2014年	北京	电子商务	11	生活服务
88	轻轻家教	2014年	上海	教育	11	共享教育
89	春雨医生	2011年	北京	医疗健康	11	共享医疗
90	罗辑思维	2014年	北京	文娱媒体	10.6	知识技能
91	老虎证券	2014年	北京	金融科技	10.6	共享金融
92	酒仙网	2014年	北京	电子商务	10.5	生活服务
93	连尚文学	2017年	南京	文娱媒体	10	知识技能
94	Weave Co-Living	2017年	香港	房产服务	10	共享房屋
95	香港亚洲医疗	2016年	香港	医疗健康	10	共享医疗
96	58到家	2015年	天津	物流服务	10	共享物流
97	妙手医生	2015年	北京	医疗健康	10	共享医疗
98	花生好车	2015年	北京	汽车交通	10	共享出行
99	点我达	2015年	杭州	生活服务	10	生活服务
100	小盒科技	2014年	北京	教育	10	共享教育
101	拉勾网	2013年	北京	企业服务	10	人力资源
102	闪送	2013年	北京	物流服务	10	共享物流
103	农信互联	2013年	北京	金融科技	10	共享金融
104	哒哒英语	2013年	上海	教育	10	共享教育
105	点融网	2013年	上海	金融科技	10	共享金融

续表

序号	公司名称	成立时间	城市	所属行业	估值	共享类型
106	Geo集奥聚合	2012年	北京	企业服务	10	信息技术
107	一起作业	2011年	上海	教育	10	共享教育
108	G7智慧物联网	2011年	北京	物流服务	10	共享物流
109	丁香园	2010年	杭州	医疗健康	10	共享医疗
110	人人贷	2010年	北京	金融科技	10	共享金融
111	禧云国际	2017年	北京	生活服务	10	生活服务
112	联易融	2016年	深圳	金融科技	10	共享金融
113	米未传媒	2015年	北京	文娱媒体	10	知识技能
114	斑马快跑	2015年	武汉	汽车交通	10	共享出行
115	数梦工场	2015年	杭州	企业服务	10	信息技术
116	艾佳生活	2014年	南京	房产服务	10	共享房屋
117	零氪科技	2014年	北京	企业服务	10	信息技术
118	禾连健康	2014年	杭州	医疗健康	10	共享医疗
119	云鸟配送	2014年	北京	物流服务	10	共享物流
120	太合音乐	2014年	北京	文娱媒体	10	知识技能
121	达达-京东到家	2014年	上海	物流服务	10	共享物流
122	医联	2014年	成都	医疗健康	10	共享医疗
123	客路旅行	2014年	香港	文娱媒体	10	知识技能
124	作业帮	2014年	北京	教育	10	共享教育
125	同盾科技	2013年	杭州	企业服务	10	信息技术
126	转转	2013年	北京	电子商务	10	生活服务
127	脉脉	2013年	北京	文娱媒体	10	知识技能
128	巴图鲁汽配铺	2013年	广州	汽车交通	10	共享出行
129	Ninebo纳恩博	2013年	北京	硬件	10	共享出行
130	学霸君	2013年	北京	教育	10	共享教育
131	英语流利说	2013年	上海	教育	10	共享教育
132	Jollychic(执御)	2012年	杭州	电子商务	10	生活服务
133	青云	2012年	北京	企业服务	10	信息技术

续表

序号	公司名称	成立时间	城市	所属行业	估值	共享类型
134	辣妈帮	2012年	深圳	电子商务	10	生活服务
135	蜜芽宝贝	2011年	北京	电子商务	10	生活服务
136	房多多	2011年	深圳	房产服务	10	共享房屋
137	卷皮网	2010年	武汉	电子商务	10	生活服务
138	慧科教育	2010年	北京	教育	10	共享教育
139	随手记	2010年	深圳	金融科技	10	共享金融
140	挖财网	2009年	杭州	金融科技	10	共享金融
141	好享家	2009年	南京	工具软件	10	信息技术

数据来源：CB Insights、PitchBook、前瞻研究院，天九独角兽商学院整理

表A-4　中国共享经济属性独角兽企业上市榜单(按市值排序)

序号	公司	所属行业	上市日期	上市地点	市值 (亿人民币)
1	美团点评	生活服务	2018年9月20日	港交所	4635.86
2	拼多多	电子商务	2018年7月26日	纳斯达克	2706.80
3	小米	硬件	2018年7月9日	港交所	1927.42
4	腾讯音乐	文娱媒体	2018年12月12日	纽交所	1562.07
5	爱奇艺	文娱媒体	2018年3月29日	纳斯达克	845.81
6	平安好医生	医疗健康	2018年5月4日	港交所	526.03
7	虎牙直播	文娱媒体	2018年5月11日	纽交所	345.34
8	哔哩哔哩	文娱媒体	2018年3月28日	纳斯达克	332.09
9	同程艺龙	生活服务	2018年11月26日	港交所	225.86
10	斗鱼TV	文娱媒体	2019年7月17日	纳斯达克	196.23
11	猫眼娱乐	文娱媒体	2019年2月4日	港交所	124.94
12	有才天下-猎聘	企业服务	2018年6月29日	港交所	91.78
13	新氧科技	医疗健康	2019年5月2日	纳斯达克	64.92
14	优信二手车	汽车交通	2018年6月27日	纳斯达克	53.43
15	趣头条	文娱媒体	2018年9月14日	纳斯达克	52.65
16	宝宝树	电子商务	2018年11月27日	港交所	33.57

序号	公司	所属行业	上市日期	上市地点	市值 (亿人民币)
17	51信用卡	金融科技	2018年7月13日	港交所	31.51
18	齐屹科技	房产服务	2018年7月12日	港交所	26.28
19	触宝科技	人工智能	2018年9月28日	纽交所	22.61
20	蘑菇街	电子商务	2018年12月6日	纽交所	19.77

数据来源：Wind，市值数据截止日为2019年10月12日，天九独角兽商学院整理研究员韩猛对此文亦有帮助

后记

——有理走遍天下

戈　峻

　　本书终于得以问世，是激动人心的。这本书不仅是郭宇宽博士和我的心血，还含有许多同事和友人的智慧投入。

　　这是一本富有思辨性的书，以至于有人觉得不像一个出自企业的作品。事实上，本书内容完全来源于一线的企业实践，同时用理论来反哺实践，如同心理学家库尔特·卢因(Kurt Lewin)所说："没有什么比一个好理论更富有实践性的了。"

　　天九这些年一路走来，出发点当然不是为了研究理论，而是为了给中国民营企业和企业家们提供服务，所以在大共享思想形成之前，我们就已经在共享经济领域进行了自觉的和不自觉的诸多尝试。

　　天九的平台上有几十万名企业家，有些企业家需要寻找新的商业模式和产业机遇，帮助自己实现业务转型；有些企业家因为事业发展而需要融资；还有的企业有好的产品，但受制于没有好的销路；有些企业有好的商业模式，但苦于没有渠道进行推广；有些企业在国内取得成绩，渴望打开国际市场；更多的企业家有相互学习、取长补短的社交需求。

　　这些企业家的需求驱动天九创造新的模式。全球领先的咨询公司IBM与天九达成战略协议。为我们提供咨询服务之后，

IBM的项目官员说，他们发愁的事情是，在世界范围内找不到一家能够与天九"对标"的企业，从而为我们提供一套可以借鉴的、成熟的管理解决方案。

比如，天九会帮助企业将产品打入国内的千城万店，实现销售渠道共享；帮助企业家对接资本；帮助埋头业务的企业寻找合作伙伴；帮助地方企业抢占全国市场；推动中国的好项目走向海外，对接国际资源；在此基础上，还创办儒商大学、独角兽商学院，使之成为企业家的学习平台。所有这些集合在一起，我们就很难为天九定性：我们既不是培训机构，也不是咨询公司；既不是投行，也不是传统的孵化加速器。由于具有这些业务属性，不少人看我们好像一个企业界的"四不像"。不过，这种看上去跨行业的业务，实则有一个共同的特点，即我们在建立人和资源的链接，促进知识、技能、资金和企业家精神的流动，从而让每个企业家的闲置资源通过共享发挥更大的效率和价值。

不仅在业务层次，天九公司内部，几乎是不知不觉之间，就将共享文化渗透入企业的血液。如果你走入天九的办公区，就会发现在这里，在WeWork走红之前，共享办公已经被推广。天九的大部分员工没有固定的办公桌，如果有人离开，位置会迅速被别人"占领"，从而实现办公场所的高效利用。事实上，公司的员工也是"共享"的，比如我们组织的共享经济研究小组，全都由各部门的业务骨干组成，他们利用闲暇时间，将长期的工作经验加以总结。通过这种方式，实现了公司内部人力资源的高效利用，既发挥了员工的专长，又没有占用工作时间。

从内部建设到平台的建立，再到经营模式，可以毫不夸张地说，天九已经成为共享经济的倡导者和践行者。即使这样，我们依然面临对外部定位的自发性困惑，我们本该有资格向世界介绍我们就是一个共享经济企业，但社会上一提到共享经济，观念里想到的是共享单车和共享床垫等有形物品的共享企业。中国古话讲：名不正则言不顺，言不顺则事不成。出于这个考虑，我们认为有必要厘清一些关于共享经济的基本概念，既要向Marcus Felson、Martin Weitzman这些阐释共享经济理论的学术先驱致敬，也要回应共享经济的实践发展到今天所面对的新问题。中国还有一句老话叫作"有理走遍天下"，特别是像天九这样的平台企业，经营的不是具体的产品，而是基于平台的服务。因此，有了理论的支撑，才能更好地团结和服务好我们的伙伴。

事实上，任何一项重大的社会变革和人类的进步基本都是在新的理念推动下出现的。没有理念的推动，就不可能有制度和政策的改变。在这个过程中，我们发现传统共享经济的概念和公众印象，已经对共享经济本身构成了局限。在此基础上，我们提出了"大共享"的概念和"广义共享经济"的理论。基于这个框架，我们不仅延展了对共享经济的认知范围，还对共享经济的组织架构、技术储备和价值取向方面进行了探讨。这也为我们打开了一个丰富的想象空间，形成我们企业一线的理论共识。从这里，我们增加了一个认知维度，既深刻认识到当下共享经济企业的业态，又发现通过这套理论的运用，可以帮助传统经济企业向共享经济转型。共享经济远远不是提供私家车司机、清洁工，餐厅送个美食，共享一间住房那么简单，共享经济的应用范围如我们研究成果所预示的那样，会像大航海时代探索地理发现一样，变得越来越大。

　　在形成理论自觉之后，企业研发的共享产品会普及社会生活中的各个领域，这就必将引领传统企业走到共享经济的发展方向，实现产业在共享经济方向的升级。正如书中所说，用"大共享"和"广义共享经济"的理论视角来看待产业，就相当于在大航海时代，率先认识到"地球是圆的"这个事实，我们的视野和选择已完全不同。我们可以预言，还没有制定共享战略的企业将落后于这个时代。

　　希望这本书能成为一束橄榄枝、一块敲门砖，吸引更多认同大共享理念的朋友，共同实践大共享，拥抱一个更加美好的大共享时代。

非常赞同《大共享时代》提出的"广义共享经济"概念，拓宽了我们对共享经济的认知。我们确实身处大共享时代，嘟嘟生活结合下沉市场的头部资源、农商银行、区域超市，通过连接商户与用户，让优质商品和服务迅速触达消费者；全方位助力移动互联网、社交电商、新零售、新金融、新媒体营销的快速发展。"广义共享经济"这个概念让我们思路豁然开朗：我们是广义共享经济中的共享经济企业，在践行"大共享"。

——嘟嘟生活创始人　吴东一

读完《大共享时代》，我内心深处产生共鸣。共享经济时代已经到来，狭隘的独立发展只会让企业一步步走向衰落。海读教育致力于整合全球优质教育资源，让每个中国孩子有机会体验世界名校课堂，通过区块链技术解决跨国界教育资历认证的难题。我们的愿景是"让全球化学习触手可及"，这与《大共享时代》中提倡的理念高度一致，看完整本书让我备受鼓舞，同时对"共享经济"有了更深刻的理解。

——海读教育CEO　马洪涛

共享经济是一场划时代的革命，它重新定义了需求与供给，在互联网时代表现得尤为突出。本书不仅深刻剖析了共享经济带来的社会经济结构的变化与内在逻辑，同时也从实践层面上给了我更多启示，值得深入学习探究。

——律兜智慧法务平台创始人　金为铠

《大共享时代》这本书，挖掘出了共享经济的内涵和精髓。在共享时代，企业需要更新经营理念和服务理念。一直以来，365人联网秉持"共享时间""共享产品""共享资源"的理念，在同城范围内将资源利用最大化。《大共享时代》不仅是共享经济方兴未艾的一个总结，更是对共享经济广阔前景的一个展望。

——365人联网联席CEO　张蕊

《大共享时代》拓宽了我们对共享经济的认知：它不仅是一门经济学，还是一门艺术，更是多元化、全方位的共享。嗖嗖身边所倡导的"需求匹配""万物互联"，就是在这个大共享时代里，通过不断深度整合并全面赋能线上线下资源，打造共享生态体系，从而实现让生活更美好、生意更简单的企业使命。

——嗖嗖身边创始人　程俊

多年来邦盛一直在摸索，我们从一台医疗车起步，始终致力于多方共享合作，为全球更多人提供移动医疗上门服务，让健康创造财富。有感于戈峻总裁和郭宇宽博士《大共享时代》中提到的观点，使我们在理论上一下想通了，同时我也相信："大共享时代和大航海时代一样，将为人类掀开一个崭新篇章。"

——邦盛医疗装备（天津）股份有限公司董事长　鞠蔚

大共享时代下没有任何一个经济体能成为一座孤岛。在这样的变革下，会催生新的经济形态，现有的商业平台将有无限的想象力。淘车无忧身负"让二手车经营者没有难做的生意，让客户买到满意的二手车"的使命，这与天九共享集团提倡的"抱团发展，蚂蚁变大象"的价值主张，同样是大共享理念的延伸。如何让人类的思想财富实现共享，从而解决大共享时代的"最后一公里"，是值得所有企业家去思考的问题，也希望戈峻先生和郭宇宽先生的《大共享时代》能够带给每个人以不一样的启发。

——淘车无忧董事长　陈林

第三次科技革命之后，"共享文化""共享思想""共享经济"等越来越成为一种潮流。小到共享单车，大到联盟组织，潘德妈妈投身母婴行业数十年，着力于将传统"母婴"产业革旧迎新，迎接新时代的冲击，共享供应链，共享人力与技术资源，不断抢占市场先机。这一模式与戈峻总裁和郭宇宽博士的《大共享时代》不谋而合，而这本书中更多深层次的理念与观点使我们感悟深刻，我相信"大共享时代"将会是我们未来的主导。

——潘德妈妈董事长　王利

《大共享时代》这本书非常棒！书中提出的"大共享"概念和"广义共享经济"理论打破了我们对"共享经济"的传统印象。"共享经济"不再是一本书、一辆单车或者一个充电宝的共享，而是艺术、文化、科技等社会各方面资源的共享。我行我宿秉持"大共享"理念，以独特的"用户出价，酒店抢单"的C2B抢单模式，让消费者从"共享经济"中获得便利的同时，也向大众共享自有平台资源，并成为"共享经济"的一部分。

——我行我宿董事长　黄惠敏